*Andreas Neef/Klaus Burmeister/
Stefan Krempl*

**Vom Personal Computer
zum Personal Fabricator**

Andreas Neef · Klaus Burmeister · Stefan Krempl

Vom Personal Computer zum Personal Fabricator

Points of Fab, Fabbing Society, Homo Fabber

MURMANN

Ein Projekt von Z_punkt GmbH The Foresight Company

Die Deutsche Bibliothek – CIP-Einheitsaufnahme
Ein Titelsatz für diese Publikation ist bei
der Deutschen Bibliothek erhältlich.
ISBN 3-938017-39-2

1. Auflage Juli 2005

Lektorat: Evelin Schultheiß, Ahrensburg
Mitarbeit: Willi Schroll
Umschlaggestaltung: Rothfos & Gabler, Hamburg
Umschlagabbildung: © Envisiontec GmbH, Gladbeck
Herstellung und Gestaltung: Eberhard Delius, Berlin
Satz: Reihs Satzstudio, Köln
Gesetzt aus der Minion und The Mix
Druck und Bindung: BoD, Hamburg
Printed in Germany

Besuchen Sie uns im Internet: www.murmann-verlag.de

Inhalt

Vorwort

Als Ende der siebziger Jahre die ersten Personal Computer auf den Markt kamen, ahnte wohl kaum jemand, welch enorme Dynamik von dieser Innovation ausgehen würde. In nur 25 Jahren hat die Durchdringung des Alltags mit dezentraler, persönlicher Computertechnologie die Funktionsweise der Wirtschaft und das Gefüge der Gesellschaft massiv verändert. Relativ unbemerkt von der öffentlichen Wahrnehmung bahnt sich nun eine weitere stille Revolution an: die Dezentralisierung des Produzierens.

Ebenso wie einst die Raum füllenden Mainframes durch dezentrale, vernetzte Kleinrechner ersetzt wurden, wird die Herstellung eines erheblichen Anteils von Alltagsprodukten zukünftig in dezentralen Produktionsstrukturen erfolgen. Anstatt billige Massenartikel in Offshore-Fabriken zu produzieren, werden kundenspezifische Klein- und Kleinstserien in flexiblen und miteinander vernetzten Mini-Fabriken vor Ort hergestellt. Ein zentraler Treiber dieser Entwicklung sind neue Technologien zur direkten Fertigung von Objekten aus Computermodellen, wie Fabbing-Technologien, »3D-Drucker«, die derzeit noch vorwiegend im industriellen Modellbau, dem Rapid Prototyping, eingesetzt werden. Mit der technischen Weiterentwicklung der Systeme und sinkenden Gerätepreisen werden Fabbing-Technologien zunehmend auch für Alltagsanwendungen interessant. Preiswerte 3D-Drucker (Personal Fabricator) könnten schon in der nächsten Dekade in Büros und Privathaushalte Einzug halten.

Der Paradigmenwechsel hin zur Dezentralität ist hingegen nicht nur technologisch motiviert. Sowohl der Wandel der Konsumwelt, der auf Produzentenseite zu immer kleineren Losgrößen führt, als auch die Anfälligkeit und die ökologischen Kosten der globalisierten Produktions- und Logistikstrukturen machen das Konzept einer Rückführung der Produktion an den Ort des Verbrauchs hoch attraktiv. Eine dezentralisierte Produktionslandschaft wird zwangsläufig zu einem neuen Wirtschaftsspiel führen, einem

»Whole New Game«, in dem die Rollen zwischen Entwickler, Produzent, Händler und Konsument neu verteilt werden. Produktion und Konsum rücken enger zusammen und der Kunde wird zum aktiven Teil der Wertschöpfungskette. Die industriellen Geschäftsmodelle werden in der »Fabbing Society« der Zukunft auf den Kopf gestellt.

Das vorliegende Buch ist gleichzeitig Bestandsaufnahme und Zukunftsstudie. Es spiegelt damit inhaltlich und methodisch den Research-Ansatz von Z_punkt The Foresight Company wieder. Um die Potenziale von neuen Technologien strategisch bewerten zu können, ist es notwendig, die Wirkung von langfristigen Umfeldtrends zu berücksichtigen und die Transformation der Anwendungs- und Marktkontexte vorauszudenken. Z_punkt betreibt diese Kontextanalysen systematisch für Unternehmen aus Technologie, Dienstleistung und Handel.

In den folgenden Kapiteln vermitteln wir zunächst fundierte Informationen zum State of the Art der Fabbing-Technologien und deren Anwendungen. Danach führen wir hinaus in die Zukunftswelt der dezentralisierten Produktion, tasten Entwicklungsfelder und -barrieren ab und skizzieren die Konturen der Fabbing-Märkte von morgen. Vieles in diesem Buch klingt noch wie Zukunftsmusik. Doch manchmal kommt die Zukunft schneller als erwartet.

Wir danken allen Kollegen von Z_punkt, die zum Entstehen dieses Buches beigetragen haben, allen voran Willi Schroll für seine fundierte Basisarbeit und seine inspirierenden Einsichten und Ideen zur Zukunft der Fabbing Society.

Andreas Neef / Klaus Burmeister / Stefan Krempl
April 2005

The Big Picture

Sie haben eine Geschirrspülmaschine und empfinden dies als große Erleichterung? Aber noch bleibt Ihnen das leidige Ein- und Ausräumen des Geschirrs, das, sauber gespült, in einer Reihe großer Schränke aufbewahrt und nach dem nächsten Essen derselben Prozedur unterzogen wird. Das muss nicht sein, dachten sich Erfinder am legendären Media Lab des Massachusetts Institute of Technology (MIT). Sie haben ein Hightech-Gerät in Größe einer Spülmaschine erfunden, das Tassen, Teller und Schüsseln aus Plastik für jede Mahlzeit im Handumdrehen frisch produziert.[1] Eine typische Ausgeburt der amerikanischen Wegwerfgesellschaft, denken Sie? Nicht ganz, denn der »Geschirrmacher« schmilzt die Essensutensilien auch gleich wieder ein und hebt die Rohstoffe für die nächste Fertigungsrunde auf. Produktion und Recycling sind in einer Maschine vereint, die eine Mischung aus einem Drucker für die Geschirrherstellung und einem Brennofen für die Rückführung des Plastiks in seine Ausgangsform darstellt. So wie es im Hauhalt der Zukunft im Wohnzimmer Video on Demand und in allen Räumlichkeiten Music on Demand gibt, macht die Computer-Revolution gemäß den MIT-Forschern auch vor der Küche nicht Halt: »Dishes on Demand« – Geschirr auf Abruf – haben sie ihr Verfahren betitelt.

Den Geschirrmacher können Sie heute noch nicht im Laden kaufen. Aber der – zugegebenermaßen noch etwas unförmige – Prototyp im Media Lab kann bereits alle neunzig Sekunden einen Teller oder einen anderen Tischgebrauchsgegenstand ausspucken. Was herauskommen soll, kann die Hausfrau bzw. der Hausmann auf einem Zahlenmenü ähnlich wie bei einer Mikrowelle einstellen. »Smarte« Acrylkunststoffe, die sich ihre Ausgangsform »merken« und bei leichter Erhitzung diese wieder annehmen, erlauben ein Recycling ohne hohe Energiezufuhr. Küchenschränke braucht es daher nur noch für Gläser oder fürs Besteck. Aber die Pioniere der neuen heimischen »Fabrik-

Kultur« arbeiten bereits daran, dass auch derlei Geraffel nur noch on Demand hergestellt wird. Ihr eigentliches Ziel ist es, einen »persönlichen Fabrikator« zu fertigen. Der soll die Zahl der permanent vorgehaltenen Haushaltsgegenstände, mit denen wir uns heute noch umgeben und den Wohnraum zukleistern, auf ein Minimum reduzieren. An die Stelle der Platz raubenden Gebilde aus Atomen soll der digitale, computergesteuerte und weitgehend virtuelle Designtransfer treten. Die Objekte befinden sich nach Vorstellung der MIT-Vordenker die meiste Zeit im Rechner, werden nur dann »ausgedruckt«, also in eine feste Form überführt, wenn sie wirklich gebraucht werden. Danach »verschwinden« sie genauso schnell wieder und es bleiben nur noch die Rohstoffe übrig.

Das Vorhaben der Küchenoptimierer am Media Lab ist Teil einer langsam einsetzenden massiven Transformation der Produktion aus dem Geiste der informationstechnischen Revolution. 3D-Drucker können heute bereits nicht nur Plastikteller anfertigen, sondern beispielsweise auch künstliche Zähne, Knochen, Hautgewebe, Sushi oder Metallteile. »Wir spielen Gott, wir schaffen etwas aus nichts«, gibt Boris Chichkov, Physikprofessor am Laserzentrum Hannover, als leicht vermessen klingende Forschungsparole aus. Ganz richtig ist das nicht, denn bei dem »Nichts« handelt es sich in seinem Fall um ein Kunstharz. Groß ist das transparente Kügelchen tatsächlich nicht, aus dem die Hannoveraner Physiker im Modell eine Miniatur der Venus von Milo mithilfe von ultrakurzen Laserpulsen kreieren. Doch die eigentlichen Anwendungsfelder sehen sie bei Mikroimplantaten fürs Innenohr oder bei Röhrchen für die Venenstabilisierung sowie bei Lichtstrahlenleitern für die Photonik, ein Fachgebiet der Technischen Physik, das sich mit allen Formen der Nutzung von Licht und seinem gezielten Einsatz als Träger von Information sowie zur Inspektion und Modifikation von Materie beschäftigt.[2]

Die Chichkov-Truppe, die eng mit verschiedenen Fraunhofer-Instituten zusammenarbeitet, ist nur ein Beispiel für eine wachsende Gemeinde von Halbgöttern. Weitgehend unbemerkt von der allgemeinen Öffentlichkeit haben sich in die industrielle Produktion in den vergangenen gut 20 Jahren computergesteuerte Fertigungsverfahren eingeschlichen, die virtuelle Modelle aus dem Rechner in reale Gegenstände ummünzen. Die auf den ersten Blick wundersam erscheinende Verwandlung von Bits in Atome ist allerdings keine moderne Alchemie. Es geht alles mit rechten Dingen – sprich: mit den Naturgesetzen – zu.

Dennoch werden die traditionellen Verfahren zum Bau von Körpern völlig auf den Kopf gestellt: Hatte Michelangelo seinen David noch aus einem großen Marmorblock herausgehauen und schälten später Fräs-, Dreh- oder Bohrmaschinen aus den unterschiedlichsten natürlichen und künstlichen Werkstoffen die gewünschten Fertigungsteile heraus, arbeiten die neuen Produktionsmethoden generativ bzw. additiv. Sie bauen also aus Kunststoffen, Flüssigkeiten, Papier oder gar Metallpulver schichtweise die Körper auf, die ihre Konstrukteure vorher in gängigen 3D-Design-Programmen auf dem Computer erstellt haben. Bei den Formen sind der Phantasie so gut wie keine Grenzen gesetzt: Die neuen Kreationstechnologien erlauben aufgrund ihres sequentiellen Vorgehens die Herstellung verzwickter und geometrisch komplexer physischer Gebilde. »Mehrfach verschachtelte Käfige inklusive frei beweglicher Kugeln, bei denen man vergeblich nach Teilungsfugen oder Montageschnittstellen sucht, lösen immer wieder ungläubiges Kopfschütteln aus«, berichtet Rudolf Meyer, Koordinator der Fraunhofer-Allianz Rapid Prototyping. Die Leute würden nach Teilungsfugen oder Montageschnittstellen suchen, wo es doch einfach keine gibt: »Ist alles aus einem Guss«, sagt Rudolf Meyer, selbst noch voller Bewunderung.

Rapid Prototyping (RP) ist der ursprüngliche und bis heute oft verallgemeinernd gebrauchte Begriff für die leise begonnene Revolution in der Produktion. Ganz nüchtern versteht man darunter zunächst die schnelle Herstellung von Musterbauteilen ausgehend von Konstruktionsdaten. Wie der Name schon sagt, geht es zunächst um die automatische Fertigung dreidimensionaler Prototypen oder Modelle. Haupteinsatzpunkte sind traditionell beispielsweise die Auto- und Raumfahrtindustrie, die damit inzwischen kleine Einspritzpumpen genauso fertigen wie große Titanium-Bauteile für die Internationale Raumstation oder für Space Shuttles. Zunächst wird in diesem Rahmen immer ein Computermodell eines Objekts gebildet. Dieses wird dann Schritt für Schritt bzw. Schicht für Schicht mit inzwischen gut zwei Dutzend unterschiedlicher Verfahren in die physische Realität umgesetzt. Die bekanntesten sind die *Stereolithographie* (vgl. S. 28), das *Laser-Sintern* (vgl. S. 31) und das *Fused Deposition Modeling* (vgl. S. 35). Das »rapid« im Namen der übergeordneten Technologien ist dabei relativ zu verstehen: Es dauert mehrere Stunden bis Tage, bis ein einzelnes Teil maschinell erstellt ist. In der Regel ist das aber immer noch schneller als in der klassischen industriellen Produktion.

Rapider Zuwachs in der Rapid-Familie

Die logische Fortsetzung von Rapid Prototyping ist das so genannte *Rapid Manufacturing (RM)*. Der Übergang zu dieser Form der *Rapid Production* gestaltete sich mit dem Reifen der RP-Technologien fließend, als sich solide Modelle verstärkt gleich als einsatzfähig für den Alltagsgebrauch erwiesen. Die im vorherigen Absatz genannten Beispiele weisen bereits auf die häufige Doppelfunktion der Rapid-Technologien hin. Dies zeigt sich auch in einem weiteren wichtigen Einsatzfeld, der Medizin. Dort haben im Rapid-Verfahren hergestellte Modelle etwa von den Köpfen siamesischer Zwillinge die Funktion von Demonstrations- und Übungsobjekten. Gleichzeitig werden auf genau dieselbe Art fabrizierte Gehörimplantate oder Zahnersatzkonstruktionen bereits direkt als maßgefertigte Endprodukte verwendet. Die Vorteile für den Patienten liegen auf der Hand: Ein Zahntechniker braucht bislang ein, zwei Arbeitstage, um anhand des Abgusses des lädierten Gebisses zunächst ein Wachsmodell, daraus eine Gussform und schließlich den künstlichen Beißer zu schaffen. Vermisst man dagegen den Gebissabdruck oder einen ausgeschlagenen Zahn mittels Laserscan, kann per Rapid Prototyping aus Keramikrohstoffen in etwa einer Stunde eine passgenaue Krone geformt werden. Der Patient muss nach dem Vermessen keinen neuen Termin mehr vereinbaren, kann den Kunstzahn noch in derselben Sitzung eingepasst bekommen und zwischendurch eventuell ein paar Einkäufe erledigen.

Neben dem Rapid Manufacturing ist auch das *Rapid Tooling (RT)* ein Ableger der wachsenden RP-Familie. Dieses Schlagwort steht für die Erzeugung von Produktionswerkzeugen, in der Regel Spritzgussteile und -formen. Vorteil für den Auftraggeber: Die Vorserienwerkzeuge können direkt nach seinen Vorgaben und Daten innerhalb kurzer Zeit in den unterschiedlichsten Losgrößen und Materialien hergestellt werden. Neben dem Geschwindigkeitsvorteil ergibt sich ein Kostenvorteil gegenüber dem traditionellen Werkzeugbau vor allem bei kleinen und mittleren Serien. Am weitesten verbreitet als Materialien sind Silikon, der faserverstärkte Spezialkunststoff Epoxidharz und Aluminium.

Allen Formen der wachsenden RP-Familie gemeinsam sind ihr »virtueller« Ursprung aus elektronischen Computermodellen und der schichtweise Aufbau von danach gebildeten Gegenständen. Der wesentliche Unterschied liegt in der Anwendung der Erzeugnisse, die sich vom Bereich der Modelle und Prototypen über den Werkzeugeinsatz bis hin zu Ersatzteilen und Produkten – oder zumindest Teilen davon – erstreckt.

Die Fertigungskette bei den Rapid-Verfahren, die in der Regel von einem Objekt in der physikalischen Welt ausgeht, dann ein Modell davon im Rechner erstellt und schließlich wieder ein greifbares Abbild, ein Double, generiert, hat die Fantasie so manchen Forschers angeregt. Der Prozess wird einerseits nur möglich durch die fortschreitende Computerisierung, Digitalisierung und Virtualisierung immer weiterer Lebens- und Wirtschaftsbereiche. Gleichzeitig bleibt er aber nicht im Reich der Einsen und Nullen stecken, sondern endet im vertrauten Bereich der mit allen Sinnen erfahrbaren Dinge und Körper. Es zeichnet sich also der Trend ab, die Vorteile der digitalen und der analogen Welt zu verschmelzen. Die Freiheiten des virtuellen Raums, in dem sich Gegenstände etwa frei formen lassen, werden zum Teil in die reale Materie geholt. Software erschafft Hardware.

Den Gedanken, Atome in Bits und diese wieder in Atome zu verwandeln oder, je nach Belieben, gleich ganz im Künstlichen zu beginnen, haben findige Unternehmer während des großen Internet-Hypes Ende der neunziger Jahre schon einmal auf die Spitze getrieben. Die kalifornische Firma DigiScents stellte damals einen Duft-Synthesizer vor, der Gerüche über ein Zusatzgerät für den Computer verbreiten und so Internetseiten, Spiele, Songs oder Filme zu einem multisensuellen Ereignis der besonderen Art werden lassen sollte. Das Vorhaben sorgte für zahlreiche Schlagzeilen, »You've Got Smell« titelte das US-Magazin *Wired* beispielsweise im November 1999 und widmete den Geruchserzeugern eine lange Reportage. Die Idee materialisierte sich dann doch nicht, schon im April 2001 musste Digiscents aufgrund akuten Geldmangels aufgeben.

Die wahre Universal-Maschine

Das hat der Euphorie vieler Protagonisten der Bit-Atom-Wandlung allerdings keinen Abbruch getan. Forscher wie Neil Gershenfeld, der am MIT ein Institut mit dem bezeichnenden Namen *Center for Bits and Atoms*[3] aufgebaut hat, gehen davon aus, dass auf den Personal Computer (PC) fast schon zwangsweise der *Personal Fabricator* (PF) folgt. So, wie die PC-Revolution die Informationsverarbeitung auf dem Schreibtisch ermöglichte, soll der PF nichts Geringeres als das Rapid Manufacturing in die eigenen vier Wände holen. Jedem Heim seine kreative Mini-Fabrik, lautet das Motto. Die sich weitgehend selbst versorgende Familie der Zukunft soll so ziemlich alles, was sie bisher von der Großindustrie bezog, am Computer generieren und über den PF verwirklichen. »Unter persönlichem Fabrizieren verstehe ich nicht nur das Erstellen mechanischer Strukturen«, stellt Gershenfeld klar. »Es geht vielmehr um voll funktionierende Systeme inklusive Fähigkeiten zum Messen und logischen Unterscheiden mit eigenem Operationsvermögen und Displays.« Eine Art Hausroboter als Produktionsmaschine.

An der Ambitioniertheit seiner Pläne lässt Gershenfeld keine Zweifel aufkommen: »Wir nähern uns dem Vermögen an, eine Maschine zu bauen, die jede erdenkliche Maschine fabrizieren kann.« Laborstudien wie die seines MIT-Kollegen Joe Jacobson hätten schon gezeigt, wie man die dafür benötigten Chips, Motoren und Sensoren mit Rapid-Verfahren gleichsam ausdrucken könne. Tatsächlich ist es Jacobsons Team gelungen, winzige, nanometergroße Halbleiterpartikel zu entwickeln, die man in eine Druckerpatrone füllen kann. So lassen sich elektronische Schaltungen in Papier eingravieren, auch in mehreren Lagen übereinander. Die Auflösung ist gegenwärtig allerdings noch nicht hoch genug, um beispielsweise einen Pentium-Chip zu drucken.

Die digitale Manufaktur hält für die physikalische Welt vergleichbare Versprechen bereit, wie sie die Digitalisierung der Kommunikation und der Datenverarbeitung schon verwirklicht hat, ist sich Neil Gershenfeld sicher. So wie sich aus Ribosomen in unserem Körper komplexe Eiweißstrukturen bilden, lassen sich seiner Ansicht nach aus vielen kleinen, an sich unbedeutenden Rohstoffen »perfekte« Gebilde und Gebrauchsgüter erstellen. Was früher Sache von Ingenieuren war – wie etwa das Entwerfen von Schaltkreisen oder ganzer Maschinen –, würde sich inzwischen mit einer Ausrüstung im Wert einiger 1000 US-Dollar vom heimischen Schreibtisch aus erledigen lassen. »Momentan sind die Aufgaben in einer großen Firma aufgeteilt zwischen vielen Leuten und Abteilungen«, sagt der Bit-Atom-Wandler. »In der Zukunft wird der Besitz über die Mittel der Produktion nicht mehr länger ein Geschäftsmodell sein.« Mithilfe der Heimfabrik würden Produkte von und für Märkte entwickelt, die bis eine Milliarde US-Dollar schwer sind. Marx hätte sicherlich seine Freude am Personal Fabricator gehabt.

> Viele der aufregendsten Möglichkeiten und Probleme liegen an der Schnittstelle, wo die Information auf ihre physikalische Repräsentation trifft.
>
> *Neil Gershenfeld (MIT)*

Um die Menschheit über den Stand des Übergreifens der Computerrevolution auf die physikalische Welt aufzuklären, hat Neil Gershenfeld ein Buch über die von ihm ins Leben gerufenen »Fab Labs« geschrieben. Diese Laboratorien sind ausgerüstet mit kommerziell bereits verfügbaren Rapid-Prototyping-Maschinen, aus denen sich schier alle auch nur erdenklichen Gegenstände formen lassen. An Bord sind außerdem unter anderem ein Lasergerät, das zwei- und dreidimensionale Strukturen ausschneiden kann, eine Software zum Programmieren einfacher Mikro-Controller, Halbleiter und Computerchips sowie eine Stichsäge. Vernetzt sind die Geräte über Linux-PCs mit kostengünstiger und vollständig anpassbarer freier Software. Mit diesen Gerätschaften ist es laut Gershenfeld möglich, maschinelle Objekte auf den Millionstel Meter genau zu erstellen. Vor allem kleinen Genies in unterentwickelten Gebieten will Neil Gershenfeld mit den 25 000 US-Dollar teuren Labs die Möglichkeit an die Hand geben, ihrem Erfindungsgeist freien Raum zu geben.

Im Einsatz sind die Labs etwa bereits im indischen Kuhdorf Pabal. Die nicht weit entfernte ländliche Entwicklerorganisation und Forschungseinrichtung Vigyan Ashram war schon lange auf der Suche nach einem Sensor, mit dem sich der Fettgehalt in der Milch (an dem sich auch der Verkaufswert misst) sowie frühe Anzeichen des Verderbens erkennen lassen würden. Fabrikmäßig hergestellt gibt es ein derartiges Werkzeug bislang in Indien nicht zu kaufen. Jetzt produzieren es die Studenten von Vigyan Ashram genauso wie Tuning-Sets für Dieselgeneratoren oder Messgeräte für unterirdische Wasseradern in einem von Gershenfelds Fab Labs. In Ghana sind die Mini-Fabriken gleichzeitig im Einsatz, um die heimische Bevölkerung mit speziellen Buschmessern, Autoteilen oder Ackergerätschaften zu versorgen. Solargetriebene Werkzeuge sind in der Entwicklung. Im hohen Norwegen nutzen verbliebene Nomaden ein Lab, um Funkchips für ihre Herden und die Ausrüstung für den Aufbau drahtloser Netzwerke für die Übertragung der Signale in Eigenregie zu erstellen. Für die Anschubfinanzierung hat dabei bisher das MIT gesorgt. Jetzt geht Neil Gershenfeld unter anderem bei der Weltbank hausieren, um für das Weiterbestehen der Labs und die Förderung weiterer vergleichbarer Einrichtungen zu sorgen. Gleichzeitig versucht er große Drucker- und Elektronikhersteller wie Hewlett Packard oder Samsung sowie Softwarekonzerne wie Microsoft davon zu überzeugen, dass sich bei den Fabbern ein neuer Massenmarkt entwickeln könnte. Schenkt man Gerüchten im Internet Glauben, will zumindest HP tatsächlich noch 2005 auf den in Fahrt kommenden Zug aufspringen.

Die Arbeit der MIT-Forscher an einer viele andere Maschinen produzierenden und sich eventuell auch selbst reproduzierenden Einrichtung erinnert an die Träume der Nano-Pioniere. Darin wimmelt es nur so von sich selbst vermehrenden Nano-Fabrikatoren. Hiervon unterscheidet sich Gershenfeld letztlich nur in der von ihm beobachteten und bevorzugten Methode zum Bau der Alleskönner. Seine Vorbilder sind die menschlichen Zellen, die seiner Ansicht nach ähnlich einem Computer bestimmte Programme laufen lassen, um für sich etwa einen Flagellarmotor zu fabrizieren. Die Programmiersprache der Natur will Neil Gershenfeld nun verstehen lernen und so dem Geheimnis der (Selbst-)Schöpfung auf die Spur kommen. Bei anderen Forschern wie dem Software-Experten Bill Joy schrillen angesichts solch ehrgeiziger Ziele derweil die Alarmglocken: »Warum die Zukunft uns nicht mehr braucht«, lautet sein aufsehenerregender Artikel[4], der 1999 in *Wired* erschien und vor der Abschaffung des Menschen durch Roboter und Nano-Maschinen warnte.

Doch vom Rapid Prototyping zur digital-analogen Universalmaschine, die keine Grenzen der Kreation mehr kennt, ist es noch ein weiter Weg. Auch nüchterne Analysten wie Brock Hinzmann, Technologie-Navigator bei SRI Consulting Business Intelligence im Silicon Valley, sehen zwar mit Spannung auf die Verknüpfung von RP mit der Nanotechnologie. Beide würden schließlich auf additiv-konstruktiven Verfahren aufbauen, nur die Materialien würden sich auf der Molekülebene ganz anders verhalten. Was bei solchen Experimenten herauskommen würde, bleibt für Hinzmann aber eine vollkommen offene Frage.

Forscher wie Hod Lipson sind hingegen schon dabei, die »Mutter aller Maschinen« zu bauen. »Wir arbeiten an einem Roboter, der seinesgleichen baut«, sagt der Assistenzprofessor am Computational Synthesis Lab an der Cornell University im US-Bundesstaat New York selbstbewusst. Wie Manfred Dworschak in seinem Artikel »Die Mutter aller Maschinen« vom 20. Juni 2005 im *Spiegel* berichtet, soll Lipsons Rapid-Maschine bald selbst Batterien schon in einem Arbeitsgang fertigen. Zuerst druckt der Automat dabei den Boden aus Kunststoff, dann Plättchen von Zink und Kunstharz für die chemische Stromproduktion. Zu guter Letzt wird ganz oben das Gehäuse verschlossen. Die nötigen Materialien lagern rings um den Kran in Behältern, die an Druckerpatronen erinnern. Sie enthalten aber hochgezüchtete Kunststoffe, Keramikpasten und Metallpulver. Der Fabrikator greift sich jeweils, was er als Nächstes braucht.

Noch ist selbst der Personal Fabricator Zukunftsmusik, auch wenn Vorstufen davon in Form von 3D-Druckern bereits als Serienprodukte verkauft werden. Sie funktionieren ähnlich wie Tintenstrahlgeräte. Ihre Vorlagen sind allerdings räumliche Computergebilde statt flächiger Bildschirmtexte. Und sie spritzen keine Tinte aufs Papier, sondern aus Tausenden von Düsen Mikroliter-Tröpfchen von Kunstharzen auf eine absenkbare Arbeitsplatte. Während diese nach unten wandert, wächst auf ihr das Modell Schicht für Schicht in die Höhe, ausgehärtet von einer UV-Lampe und gestützt von einem Kunststoffnetz, das am Ende des Fertigungsprozesses ausgewaschen wird. Entsprechende Geräte stellen unter anderem die US-Firmen 3D-Systems, Stratasys und Z Corp. her, aber auch das israelische Unternehmen Objet Geometries hat sich auf diesen Markt spezialisiert. Die 3D-Drucker lassen sich von normalen PCs steuern, sind aber meist noch so groß wie eine Tiefkühltruhe und damit weniger für den Heim-, als höchstens für den Bürogebrauch geeignet. Auch Preise im Bereich von mehreren 10 000 US-Dollar dürften Hobby-Designer vor einem Kauf noch zurückschrecken lassen.

Davon völlig unbeeindruckt, erinnern die Verfechter der Idee des Personal Fabricator an die rasche Entwicklung von den frühen gigantischen Mainframe-Computern, die sich auch niemand freiwillig ins Home-Office gestellt hätte, zu den PCs, Laptops und PDAs von heute. Für sie ist es nur noch eine Frage der Zeit, bis in zahlreiche Haushalte 3D-Drucker oder ähnliche RP-Geräte Einzug halten. Zum Kauf anreizen soll nicht nur der Gedanke, den abgebrochenen Fenstergriff oder Herdschalter ohne lange Debatten mit dem Kundenservice einer vielleicht schon pleite gegangenen Firma im Eigenbau zu Hause ersetzen zu können. Auch viele vollständig personalisierte, individualisierte und maßgefertigte Produkte könnten sich als Killer-Applikation der Mini-Fabriken er-

> Wären Computer imstande, Atome so bequem zu manipulieren, wie sie Daten verarbeiten, könnten wir auch unseren sonstigen Alltag personalisieren.
>
> *Neil Gershenfeld (MIT)*

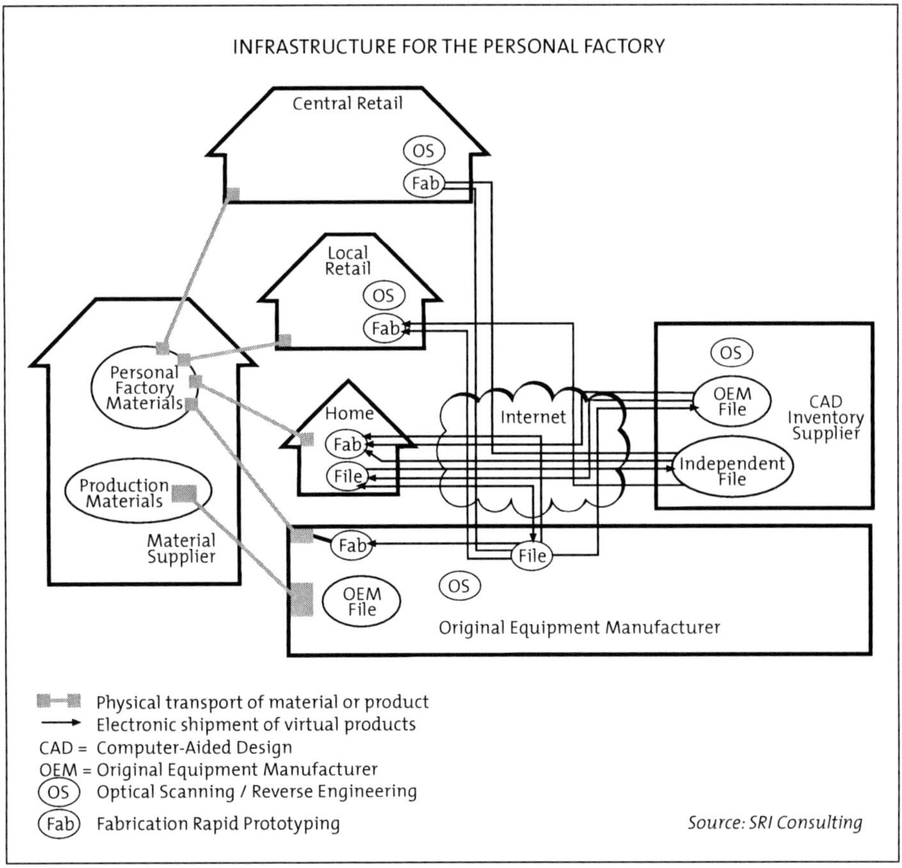

Die Infrastruktur für das Fabber-Home (Hinzmann 1996)

weisen: für die Kids die selbst umgestaltete Barbie-Puppe, für die sportlichen Eltern die dem eigenen Geschmack und Fuß angepassten Turnschuhe. Mass Customization würde in vielen Bereichen durch *Single* bzw. *Self Customization* ersetzt.

Der Physiker Marshall Burns gilt als der lautstärkste Anpreiser dieser Entwicklung. Sein im kalifornischen Santa Barbara angesiedeltes Beratungshaus Ennex unterhält eines der umfangreichsten Online-Portale zum Thema »Fabbers«[5], wie der Pionier seine »Digital Fabricators« liebevoll abkürzt. Seit

1992, als eine der ersten *Stereolithography Users Group Conference* in San Francisco stattfand, geht Burns mit dem Thema hausieren und hat eine beachtliche Summe an visionären Artikeln dazu geschrieben. Schon 1995 malte er etwa das Szenario eines Haushalts-Fabricators bzw. einer Heimfabrik aus. Demnach verfügen Häuser von 2008 an über einen eigenen Fabricator-Raum, der von einem »Netzwerk an unterirdischen Pipelines und Kanistern« gespeist wird.

Vergleichbar vielleicht am besten mit dem Röhrengeflecht der klassischen Rohrpost, sollen durch das pneumatische System die fürs Rapid Manufacturing benötigten Rohmaterialien komfortabel und automatisch angeliefert werden. Die Maschine selbst werde so ziemlich alle gängigen RP-Verfahren gleichzeitig beherrschen und traditionelle Fertigungsweisen wie Nähen oder Kleben obendrein. Damit würde dem Fabbing-Vergnügen nichts mehr im Wege stehen und der alte Traum von der sich selbst versorgenden soziologischen Einheit weitgehend Wirklichkeit werden: »Eine Maschine mit diesen Fähigkeiten könnte viele der physikalischen Bedürfnisse und Verlangen der ultramodernen Familien im Jahr 2008 befriedigen«, schrieb Marshall Burns. »Die fabrizierten Gegenstände dürften von der neuen Zahnbürste für die achtjährige Jenny, deren kleine Hand aus der für sie im vergangenen Jahr gefabbten herausgewachsen ist, bis hin zu der Diamant-Sierra-Brosche mit einem geschmackvollen Spritzer Rubinrot reichen.«

Santa-Claus-Maschinen

Weniger Burns zweifelhaftes Hygieneverständnis – der kleinen Jenny sollte natürlich spätestens alle drei Monate ein neues Werkzeug für die Zahnsäuberung gefabbt werden – als vielmehr seine leicht naiv-missionarische Sichtweise der RP-Zukunft haben den Wahlkalifornier in der Technikergemeinde zu einer – wenngleich immer wieder gut vernehmbaren – Randfigur werden lassen. Vor allem die nach wie vor hohen Preise für RP-Maschinen, ihr begrenztes Verarbeitungsvermögen von meist nur einem Rohmaterial, ihre physische

Größe, ihre nicht immer leichte Bedienbarkeit sowie ihr teilweise höchstens befriedigender Qualitätsausstoß haben Fabbing-Euphorikern einen Dämpfer versetzt. Trotzdem bleibt der Gedanke von der auch im Heimbereich eingesetzten »Santa-Claus-Maschine«, die auch ungewöhnliche Konsumentenwünsche wahr werden lässt, im Hinterkopf der RP-Gemeinde präsent. Und sollten die 3D-Drucker schon nicht die häuslichen Schreibtische erobern, so sind sich die Experten doch einig, dass in diesem Fall Verbrauchern zumindest flächendeckend Servicebüros rund um alle RP-Belange schon bald zur Verfügung stehen werden. Wie der Durchschnittsverbraucher heute zum Copyshop um die Ecke geht, um rasch Vervielfältigungen anzufertigen oder längere Werke auszudrucken, wird er künftig zum Fabbing-Center eilen, wenn er ein maßgefertigtes Produkt oder nur mal eben einen Ersatztürgriff fabrizieren will. Der Kunde wird zum produzierenden Konsumenten – zum Prosumenten.

Keinen Zweifel hegen Fachgrößen auch daran, dass die RP-Techniken die Produktionsprozesse gewaltig verändern werden. Die Strömung vom Desktop

> Ohne Zweifel werden in naher Zukunft Computer genutzt werden, um automatisch Objekte, Produkte und Systeme jeder Bauform und Art unabhängig von ihrer Komplexität herzustellen. Der Materialeinsatz für diese Fabrikationssysteme wird einfach aus Rohstoffen und Daten bestehen. Diese Technologie wird an das Desktop Publishing erinnern – aber anstatt von Dokumenten und Druckerzeugnissen werden diverse Produkte, die wir benötigen oder uns im Alltag wünschen, für uns auf der Stelle fabriziert. Es wird auch möglich sein, komplexe Gegenstände in kleinen Mengen ohne Werkzeugbereitstellung herzustellen – und zwar mit Materialeigenschaften, von denen wir heute nur träumen können.
>
> *Ed Grenda (Worldwide Guide to Rapid Prototyping)*

Publishing zum Desktop Manufacturing scheint unaufhaltsam. Wenig nachgedacht wird dagegen über die sich abzeichnenden wirtschaftlichen und sozialen Folgen der RP-Revolution. Was ist zu erwarten, wenn der Homo Faber sich zum Homo Fabber weiter entwickelt? Werden ganze Berufszweige im klassischen Handwerk plötzlich arbeitslos, weil sie mit der Heimfabrik oder dem Fabbing-Center doch noch die Folgen der Maschinisierung ereilen? Gerät die kapitalistische, auf Angebot und Nachfrage beruhende Marktwirtschaft gar aus den Fugen durch eine steigende Zahl an Prosumenten? Wie wird sich die klassische industrielle Fabrik verändern?

Im Folgenden werden derlei Fragen thematisiert, auch wenn sich sicherlich nicht überall bereits Antworten finden lassen. Davor steht ein Überblick über die vielen noch als Mysterium erscheinende RP-Technik mit ihren wichtigsten Spielarten. Es folgt ein Marktüberblick, eine Bestandsaufnahme mit Ausblick auf vielversprechende Applikationen sowie den größten aktuellen Barrieren und einem Einblick in die RP-Szene. Anschließend wird das gesellschaftliche und wirtschaftliche Umfeld mit seinen Leittrends wie der fortschreitenden Dezentralisierung und Individualisierung vorgestellt und herausgearbeitet, wie das Personal Fabricating dort hineinspielt. Im Abschlusskapitel geht es schließlich um die positiven und negativen Aspekte der sich abzeichnenden Fabbing Society.

Stand der Technik und Anwendungsgebiete

Die Rapid-Verfahren, welche die Grundlage für die skizzierte Personal Fabrication bilden, bestehen aus komplexen Technologien. Sie haben auf den ersten Blick etwas Magisches an sich, da die für die Fertigung verwendeten Materialien im Prozess kaum sichtbar sind. Scheinbar werden die digitalen, virtuellen Bits im Rechner direkt wie von Geisterhand in Materie verwandelt. Erinnerungen an den fiktionalen *Replikator* in der *Star Trek*-Serie oder den »Nutri-Matic«-Getränkeautomaten aus *Per Anhalter durch die Galaxis* werden wach. Solche Vorstellungen führen zum Teil in die Irre, da durch die Rapid-Techniken keineswegs physikalische Gesetze außer Kraft gesetzt werden. Mit Zauberei hat das Ganze nichts zu tun, eher mit modernstem Hightech. Der naheliegendste Vergleich ist nach wie vor der mit dem Ausdrucken einer Computerdatei am Tinten- oder Laserprinter. Der große Unterschied ist, dass sich der Vorgang nicht auf der Fläche, sondern auf der räumlichen 3D-Ebene abspielt.

Aber auch die bildhafte Vorstellung vom »Ausdrucken« von Materie vom Heim-PC aus schönt die Realität der RP-Technik gewaltig. So führt der Fabber-Evangelist Marshall Burns eine TV-Werbung von UPS aus dem Jahr 2000 als anschauliche Darstellung künftiger Herstellungsverfahren an. In dem Spot bestellt ein Junge einen Football auf einem Heim-PC über das Internet. Erwartungsvoll richtet sich sein Blick daraufhin auf den angeschlossenen Drucker. Aus ihm ploppt das begehrte Spielzeug nach kurzer Zeit in die Arme des fangbereiten Nachwuchssportlers heraus. Sicherlich kommt darin ein Traum aller RP-Visionäre wortwörtlich zum Ausdruck. Doch das Szenario direkt aufs Fabbing zu übertragen geht an der weniger traumhaften Theorie und Praxis des Rapid Manufacturing vorbei. UPS selbst dürfte sich wohl auch kaum für eine derartige Interpretation begeistern, da der Burnssche Haushalt-Fabrikator mit seinem unterirdischen Zuliefersystem klassische Zustelldienste in ernsthafte Existenznöte bringen würde. Der Firma ging es vielmehr darum, für ihre schnelle Beförderung von online bestellten Waren zu werben. Tragisch trotzdem, dass sie mit dem Spot ungewollt ihrer eigenen Abschaffung das Wort redete.

Wie funktionieren die Rapid-Verfahren also tatsächlich? Der Begriff Rapid Prototyping stammt aus der Software-Entwicklung, wo er Mitte der achtziger Jahre entwickelt wird und 1990 erstmals in einem Buchtitel[6] auftaucht. In diesem Umfeld dient RP dazu, die Machbarkeit und die Dauer eines Projekts einzuschätzen. Rasch fasste das eingängige Schlagwort auch im Ingenieurswesen Fuß und wurde auf die Herstellung von Musterbauteilen, ausgehend von elektronischen Konstruktionsdaten, übertragen. Heute gilt RP als Sammelbegriff für eine Reihe unterschiedlicher neuer Fertigungsverfahren, um Werkstücke möglichst rasch und automatisch aufzubauen. Die ersten RP-Methoden hatten das Ziel, Anschauungsmodelle zu erzeugen. Mittlerweile wird die ganze Palette der Entwicklungsstufen abgedeckt. Sie reicht von Proportions-, Ergonomie-, Design- und Funktionsstudien über Prototypen mit Gebrauchseigenschaften und Werkzeugen (Rapid Tooling) bis hin zu funktionstüchtigen Bauteilen oder gar Endprodukten beim Rapid Manufacturing.

Eine Kostenersparnis ergibt sich momentan noch vor allem, wenn RP zur Beschleunigung der auf traditionellem Wege etwa per CNC-Formfräsen *(Computer Numerical Control*[7]*)* erfolgenden Fertigung genutzt wird. Der eigentliche Vorteil ist, dass die Prototypen in allen Phasen der Produktentwicklung eine schnelle Überprüfung sämtlicher Konstruktionsparameter ermöglichen. So können Produktmängel im Rahmen der Qualitätskontrolle früher erkannt und beseitigt werden. Entsprechende Entscheidungen lassen sich an einem realen Modell nach wie vor leichter treffen als an einem rein virtuellen Prototyp. Die eigentliche RP-Fertigung, das Rapid Manufacturing, ist häufig noch ein teures Vergnügen und nicht in jedem Fall lohnend, aber klar auf dem Vormarsch.[8]

Die RP-Verfahren arbeiten mit mehreren anderen Technologien Hand in

Hand zusammen. Ihre Daten beziehen sie aus dem PC, häufig auch noch einer leistungsstarken Workstation. Dort werden mithilfe von *CAD-Programmen* wie Alibre Design 3D-Objekte frei generiert.[9] Sie können aber auch bereits mit 3D-Scannern direkt von einem physikalischen Vorbild importiert werden. Die Hochleistungsscanner tasten nicht nur die Flächenkonturen eines Bildes oder Dokuments ab, sondern digitalisieren die gesamte räumliche Form eines feststehenden Objekts. Manche nutzen zusätzlich gar Röntgenstrahlen oder vergleichbare Strahlentechniken, um zusätzlich Innenstrukturen einzulesen. Die Daten lassen sich dann wiederum mit CAD-Software verarbeiten, die letztlich ähnlich wie gängige Bildbearbeitungs- und Grafikprogramme funktionieren und vermutlich eines Tages mit ihnen verschmelzen werden. Noch ist das *Computer Aided Design* in der Regel aber eine Wissenschaft für sich und die entsprechende Software nur von Fachleuten wie Ingenieuren oder Architekten zu bedienen. 3D-Grafiktabletts, -Mäuse oder andere Dateneingabesysteme können die Bedienung der Programme erleichtern.

Die Rapid-Maschinen selbst sind letztlich Peripheriegeräte für den Rechner wie Scanner oder Drucker auch. Allerdings sind die Dimensionen in jeder Hinsicht deutlich größer. Im Gegensatz zu den gängigen Hardware-Ergänzungen für den PC stellen die Fabrikatoren ein teures Investitionsgut dar und sind nicht leichter zu bedienen als jede andere Werkzeugmaschine. Einfach einen Druckbefehl an den großen Kasten zu schicken und auf das Ergebnis zu warten klappt laut Anwenderberichten nicht. »RP-Maschinen sind im besten Fall mürrische Teile«, so Bill Richards von der amerikanischen Hightech-Designschmiede Virtcon. »Sie arbeiten nur unter ständiger Beobachtung richtig.« Nur unter den Händen eines eingespielten Bediener-Teams würden die Systeme wirklich glänzende Leistungen erbringen.

Gefüttert werden müssen die launischen Baumaschinen vom Rechner mit einem speziellen Format namens *STL*. Geschrieben wird es in der speziellen *Standard Triangulation Language*. Mit ihrer Hilfe werden dreidimensionale geometrische Oberflächen in eine Serie von kleinen Dreiecken heruntergerechnet. Jedes davon wird beschrieben durch seine senkrechte Ausrichtung und die drei Punkte, die die Spitzen des Dreiecks bezeichnen. Diese Daten nutzt ein spezieller Algorithmus, um die Kreuzungspunkte der dreidimensionalen Figur zu bestimmen, die hergestellt werden soll. Die STL-Datei ist folglich der Bauplan eines bestimmten Objekts für die RP-Maschine. Aus dieser Blaupause heraus fabriziert sie den gewünschten Gegenstand. Ganz auf der Höhe der Zeit ist das bereits aus der Frühzeit des Rapid Prototyping stammende Dateiformat allerdings nicht mehr. Es mangelt ihm etwa an aktuellen integrierten Kompressionsfunktionen, sodass die digitalen Baupläne oft viele Megabyte groß sind. Zudem sind die meisten Blaupausen momentan noch einfarbig und Experten gehen davon aus, dass der STL-Standard durch die Aufnahme von Mehrfarbigkeit in die Dateienbeschreibungen gesprengt würde.[10] Die RP-Community hat sich daher auf die Suche nach einem Update für STL bzw. einem würdigen Nachfolger gemacht.[11]

Die wichtigsten RP-Verfahren

Gegenwärtig sind etwa 25 unterschiedliche Rapid-Techniken im Einsatz. Teilweise handelt es sich dabei um die Weiterentwicklung »klassischer« Verfahren, die ihren Ursprung kaum verbergen können. Da es sich insgesamt um ein junges technologisches Feld handelt, sind weitere Ausdifferenzierungen und evolutionäre Verbesserungen zu erwarten. Im Rahmen dieser Darstellung kann nur auf die weit verbreiteten und vielversprechenden Methoden näher eingegangen werden. Allen Verfahren gemeinsam ist, dass es aufgrund des schichtweisen Aufbaus von Gegenständen zum so genannten Treppenwinkel-Effekt kommt. Da die Schichten unterschiedlich dick sind, verlaufen nicht alle Übergänge zwischen den einzelnen Bauabschnitten vollkommen fließend.

Stereolithographie (SLA): Der Klassiker

Ende der achtziger Jahre erfand der Kalifornier Chuck Hall das erste Rapid-Verfahren und taufte es auf den Namen *Stereolitographie (SLA)*. Als gedankliches Vorbild diente ihm, wie der Begriff verrät, die Lithographie, ein im 18. Jahrhundert von Alois Senefelder entwickeltes klassisches Druckverfahren, das mit Kalkstein und Fettmischungen arbeitet. Diese Methode wollte Hall in den räumlichen Bereich überführen und baute dazu mit seiner neu gegründeten Firma 3D Systems (www.3dsystems.com) die erste SLA-Maschine. Bis heute ist die Stereolithographie die am meisten verbreitete RP-Methode und 3D Systems – inzwischen auch mit einer GmbH in Deutschland vertreten – Marktführer.

Funktionsweise: Die Stereolithographie erstellt Plastikteile in dünnen Schichten, indem ein Laser über einen lichtaushärtenden Kunststoff (Photopolymer) geführt wird. Das verwendete flüssige Kunst- oder Epoxydharz schwimmt dabei in einem Behälter. Es trocknet rasch, sobald es vom Laserlicht erreicht wird. Nach jedem Schritt wird das entstehende Werkstück um Bruchteile von Millimetern abgesenkt und der flüssige Kunststoff an der Oberfläche durch einen Wischer gleichmäßig neu verteilt. Dann fährt der Laser, der von einem Computer über bewegliche Spiegel gesteuert wird, wieder über die Flächen, die fest werden sollen. Nach dem Aushärten erfolgt der nächste Schritt, sodass nach und nach ein 3D-Modell entsteht. Da das vom Laser gehärtete Harz noch relativ weich ist, werden bei der Herstellung auch Stützstrukturen eingebaut. Nach dem Aufbau der Form wird das Modell im UV-Licht nochmals ausgehärtet und die Stützstrukturen von Hand entfernt.

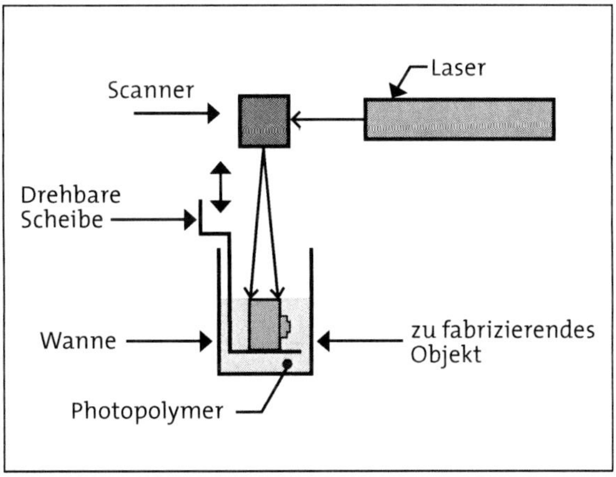

Schaubild zum Stereolithographie-Verfahren

Kunststoffflaschen aus der Stereolithographie-Maschine

Eigenschaften: Die Stereolithographie gilt als das akkurateste RP-Verfahren mit einer guten Oberflächenvollendung. Sie ermöglicht eine hohe Präzision auch bei feinen Strukturen und geringen Wandstärken. Über die Jahre hinweg wurden zahlreiche Kunststoffe als Ausgangsmaterial für die SLA entwickelt, die unter anderem auch verschiedenen Thermoplastiken nahe kommen. Auch biokompatible und etwa für den medizinischen Bereich zulassungsfähige Werkstoffe können damit fabriziert werden. SLA-Geräte gehören mit zu den teuersten im RP-Bereich; sie kosten bis zu 800 000 US-Dollar.

Verwendung: SLA-Modelle werden in der Industrie häufig als Basis für Folgeprozesse wie Feinguss oder Vakuumguss genutzt, es werden aber auch komplette Ersatzteile erstellt. Außerdem wird das Verfahren in der Medizin gern verwendet – sowohl für die Fertigung von chirurgischen Planungsmodellen oder Schnittschablonen, etwa für die präzise Tumorentfernung, als auch für Implantate. Auch die Mobiltelefon-Branche hat ein Auge darauf geworfen, etwa für die Produktion von Bluetooth-Headsets mit individualisierten Innenohr-Adaptern. Plastikteile für den Endverbrauch stellt auch die Duisburger microTEC GmbH (www.microtec-d.com) in einem weiterentwickelten SLA-Verfahren her. Das Unternehmen, das mit einem per Rapid Micro Product Development gebauten U-Boot in Mikrogröße bekannt wurde, kann damit hunderttausende Kleinteile für Applikationen im Bereich Medizin, Raumfahrt oder Telekommunikation pro Stunde produzieren.

Selektives Laser-Sintern (SLS): Das Allround-Talent

Das *Laser-Sintern* ist eine Fortentwicklung der Stereolithographie (STL). Es hat den Vorteil, dass auch Originalwerkstoffe verarbeitet werden können. Im Einzelnen können Laser-Sintersysteme die folgenden Werkstoffgruppen verarbeiten:

- Kunststoffe
- Metall
- Sand

Funktionsweise: Das Laser-Sintern funktioniert im Prinzip ähnlich wie die Stereolithographie. Nur ist das Rohmaterial pulverförmig und nicht flüssig. Es wird über einen Schaber aus einem Zuliefertrog bei jedem Schichtgang zugeführt, während die Fabrikationsebene mit dem Pulverbett gleichzeitig wieder Stück für Stück abgesenkt wird. Der zweite große Unterschied liegt im

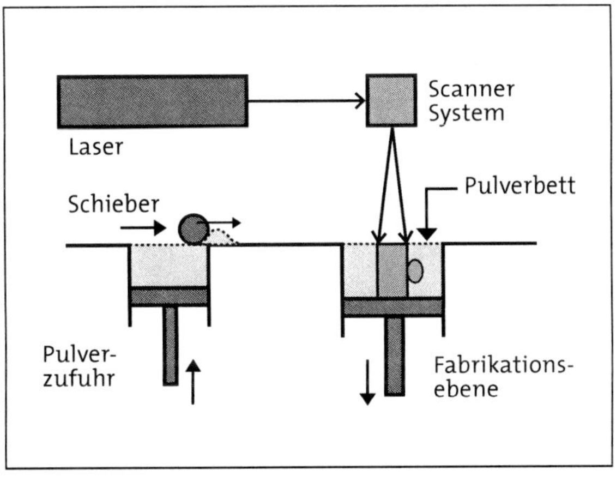

Schaubild zum Lasersintern

ersten Aushärtemechanismus: Statt eine fotochemische Reaktion auszulösen, verschmilzt bzw. »versintert« der Laser die Materialkörnchen. Die vom Laser zugeführte Energie wird dabei vom Pulver absorbiert, was zu einer lokalen Verfestigung des Materials führt. Die Temperatur in der Fertigungskammer wird immer knapp unterhalb der Materialschmelzgrenze gehalten, sodass der Laser sie nur leicht anheben muss. Das führt zu einer Prozessbeschleunigung gegenüber der STL. Auch werden beim Laser-Sintern von Kunststoff keine Gerüste benötigt und das am Ende übrig gebliebene Pulver kann einfach weggefegt werden, da die verwendeten Werkstoffe im Gegensatz zum STL ökologisch unbedenklich sind. Große Bauteile müssen allerdings bis zu zwei Tage auskühlen, bevor sie aus der Maschine geholt werden können.[12]

Eigenschaften: Die Oberflächengenauigkeit und die Stabilität der Fabrikate sind aufgrund des Herstellungsprozesses, also des Verschmelzens von Pulver, in der Regel nicht so hoch wie bei der Stereolithographie. Abhilfe verspricht die EOS GmbH (www.eos.info) in Krailling bei München, einer der wichtigsten Player im Bereich Laser-Sintern. Die Firma hat ein neues Material unter der Bezeichnung Alumide entwickelt, ein mit Aluminium angereichertes Polyamid. Der Kunststoff zeichnet sich durch hohe Steifigkeit, metallischen

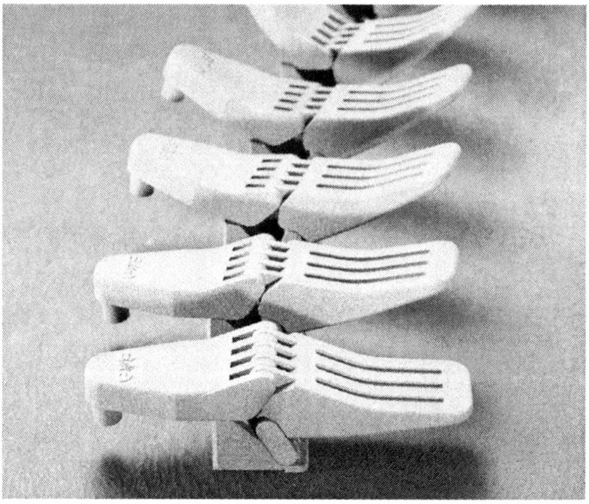

Beispiel für Alumide (EOS)

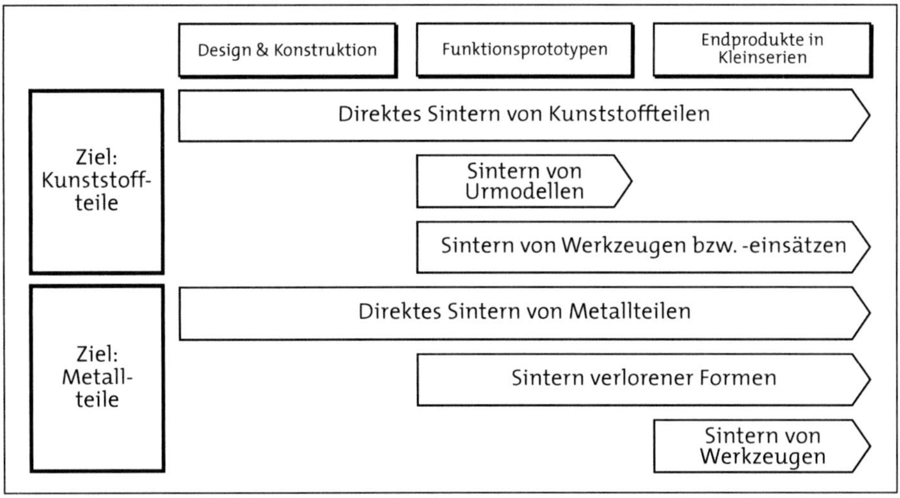

Sintern von Kunststoff- und Metallteilen

Glanz und gute Polierbarkeit aus. Das Unternehmen wirbt damit, dass der hohe Metallgehalt das Material besonders beständig gegen Verschleiß und Abrieb macht.[13]

Weiterhin können die Bauteile nach dem Prozess des Laser-Sinterns mit nahezu allen traditionellen Methoden nachbearbeitet werden, angefangen vom Strahlen beispielsweise mit Glasperlen bis hin zum Lackieren.

Verwendung: Die durch Laser-Sintern gefertigten Produkte können einerseits selbst Endprodukte sein, aber auch Werkzeuge, welche die Produktion von Endprodukten mittelbar unterstützen. Die folgende Tabelle gibt einen Überblick über die Einsatzmöglichkeiten des Laser-Sinterns.

So können Endprodukte aus Kunststoff direkt gesintert werden, zum Beispiel dann, wenn überschaubare Stückzahlen, das heißt weniger als zehntausend, benötigt werden und wenn die Produkte in einem hohen Maße an die individuellen Wünsche des Kunden angepasst werden müssen. Beispiele hierfür sind individualisierte Hörgeräteschalen oder Rahmen für Sonnenbrillen. Oder es können durch Laser-Sintern Urmodelle erzeugt werden, die wiede-

	EOSINT P 700	EOSINT M 270	EOSINT S 750
Maximales Bauvolumen [B x T x H] in mm	700 × 380 × 580	250 × 250 × 215	720 × 380 × 380
Baufortschritt (werkstoffabhängig)	10 - 25 mm [Bauhöhe / h]	2 - 20 [mm^3/s]	≤2500 [cm^3/h]
Schichtdicke [µm]	Typisch 150	20 – 100	200

Technische Daten zu einer Auswahl von EOSINT-Laser-Sintersystemen

rum benötigt werden, um beispielsweise Vakuumguss einsetzen zu können. Ebenso können Spritzgusswerkzeuge bzw. Einsätze für solche Werkzeuge mithilfe von Laser-Sintern hergestellt werden, ein Verfahren, das sich besonders bei komplexen Werkzeuggeometrien anbietet, die auf herkömmlichem Wege nur sehr schwer zu realisieren sind. Die Anwendbarkeit von solchen komplexen Werkzeugen kann zudem dadurch noch erhöht werden, dass Kühlkanäle integriert werden, die ein aktives Wärmemanagement im Werkzeug erlauben. Derartige Kühlkanäle können nur durch das direkte Laser-Sintern hergestellt werden. Die Standzeiten von Werkzeugen, die mithilfe von Laser-Sintern hergestellt werden, betragen durchaus einige hunderttausend Abgüsse, sind also mit traditionell gefertigten Werkzeugen vergleichbar. Ebenso wie im Kunststoffbereich kann Laser-Sintern auch die Produktion von Metallteilen erleichtern.

Die Leistungsfähigkeit, die mit Laser-Sintersystemen in Bezug auf Qualität und Geschwindigkeit zu erzielen ist, hängt vom gewählten Werkstoff und der gewählten Schichtdicke ab. Während eine geringe Schichtdicke die Detailauflösung der produzierten Bauteile erhöht, wirkt sie sich negativ auf den Baufortschritt aus. Im Gegenzug dazu kann eine größere Schichtdicke zu einem schnelleren Baufortschritt führen, jedoch auf Kosten der Detailauflösung und damit möglicherweise zu Lasten der Oberflächenqualität. Die Abbildung auf S. 34 stellt eine Auswahl wichtiger Kennzahlen zur Technologie des Laser-Sinterns am Beispiel von EOSINT-Systemen dar.

Fused Deposition Modeling (FDM): Das Sahnehäubchen

Wie bei der Stereolithographie handelt es sich beim FDM um ein schon verhältnismäßig lange eingeführtes und häufig angewendetes thermoplastisches Verfahren. Das erste FDM-System wurde von der US-Firma Stratasys (www.stratasys.com) 1991 verkauft.[14]

Funktionsweise: Das Fused Deposition Modeling ähnelt dem Tortenverzieren mit einer Garnierspritze. Nur kommt aus der Kanüle keine Sahne oder Zuckerlösung heraus, sondern Kunststoff. Im Detail wird vorgewärmtes drahtförmiges Material wie ABS, Nylon, Polyethylen, Polyamid oder Wachs in einer Düse verflüssigt und dann wie Senf aus der Tube auf die frei in alle Richtungen bewegbare Arbeitsplatte aufgetragen. Schicht für Schicht, Linie für Linie plottet der heiße Hahn den zerschmelzenden Kunststoff auf den bereits wieder erstarrten. Von einer Spule läuft der »Draht« in die Schmelzkammer nach, verflüssigt kurz, um innerhalb weniger Sekunden wieder zu verfestigen. Die Schichtdicken können 0,05 bis 0,7 Millimeter betragen, die Toleranzen errei-

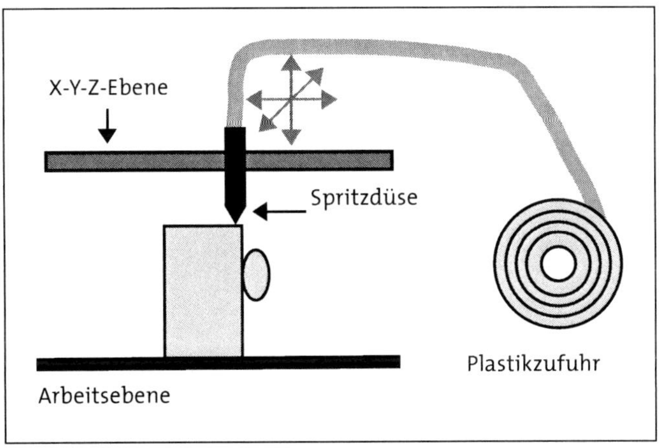

FDM-Schaubild

chen 0,15 Millimeter.[15] Für gewagte Konstruktionen steht ein wasserlösliches Stützmaterial zur Verfügung, das nach der Fertigung einfach weggewaschen werden kann.

Eigenschaften: Gerade bei kleinen Teilen erweist sich FDM als ziemlich schnell, wohingegen der Zeitaufwand bei großen Stücken relativ groß sein kann. Die verwendeten Materialien sind nicht aggressiv und wenig geruchsintensiv, sodass sich eine FDM-Maschine sogar direkt im Büro in Betrieb nehmen lässt. Materialrückstände wie bei der SLA oder beim Laser-Sintern gibt es nicht. Die Oberflächengenauigkeit ist bei den meisten zum Einsatz kommenden Materialien im Endeffekt schlechter als bei der Stereolithographie, eine Ausnahme bildet der Einsatz von ABS. Im Test befinden sich Keramik- und Metallstoffe als Rohmaterialien.[16]

Verwendung: FDM-generierte Kunststoffteile sind für Anschauungs- und einfache Funktionszwecke geeignet. Wachsmodelle können im Wachsausschmelzverfahren nachgegossen werden. Als besonders zweckmäßig gilt FDM bei nicht filigranen Bauteilen, ansonsten ist eine recht intensive Nachbearbeitung meist erforderlich. Hergestellt wurden im industriellen Umfeld

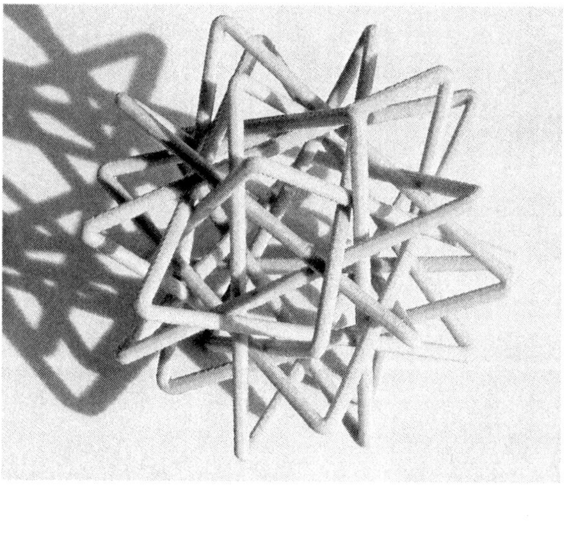

Ein Sternengebilde, das per FDM gebaut wurde.

beispielsweise Formhälften sowie Prototypen von Flaschen, Verriegelungselementen, Turbinenläufern und Kugellagerkäfigen. Im Forschungsbereich wird FDM häufig zum Bau von Molekülmodellen eingesetzt, da die Teile wenig zerbrechlich sind und die Herstellung mit einem vernünftigen Preis-Leistungs-Verhältnis möglich ist. Auch metallene Implantate werden mithilfe von FDM-Modellen fabriziert.

Inkjet-Printing: Wegbereiter für den Massenmarkt?

Inkjet-RP-Verfahren kommen als Fortsetzung des klassischen Druckers dem Bild vom Personal Fabricator am nächsten. Sie sind allerdings deutlich komplexer als Papierprinter. Sie gehören mit zu den neuesten Rapid-Methoden. Grundsätzlich unterscheidet man zwischen thermoplastischen Inkjets und solchen, die Photopolymere »versprühen«.

Funktionsweise: Für die Thermo-Inkjets stehen beispielsweise die gängigen Geräte der US-Firma Solidscape (www.solid-scape.com). Sie verwenden zwei Düsenköpfe: aus dem einen strömt das eigentliche Plastikmaterial in winzigen Tröpfchen, aus dem anderen ein wachsähnlicher Stützstoff. Beide werden flüssig in Zufuhrtanks vorgehalten. Die beiden Materialien härten beim Aufsprühen auf die Arbeitsplatte allein durch den »Temperatursturz« beim Abtropfen rasch aus. Nach der Formung einer Objektschicht wird diese von einem Schaber auf eine gleichmäßige Breite verteilt. Der dabei entstehende Partikelabfall wird von einem staubsaugerähnlichen Gebläse weggepustet und von einem Filter aufgefangen. Dann geht es an die nächste Schicht. Ist das Bauteil fertig, wird das Haltegerüst weggeschmolzen oder durch einen Löseprozess entfernt.

Die Photopolymer-Variante hat die israelische Firma Objet Geometries (www.objet.co.il) im Jahr 2000 das erste Mal vorgestellt. Bei dem so genannten *PolyJet-Verfahren* spritzen über 5000 Düsen in einem einzelnen Inkjet-Kopf Mikroliter-Tröpfchen zweier lichtempfindlicher Kunstharze schichtweise auf die Ebene, auf der langsam das Modell in die Höhe wächst. Der eine Kunststoff ist das eigentliche Fertigungsmaterial, der andere füllt wieder als

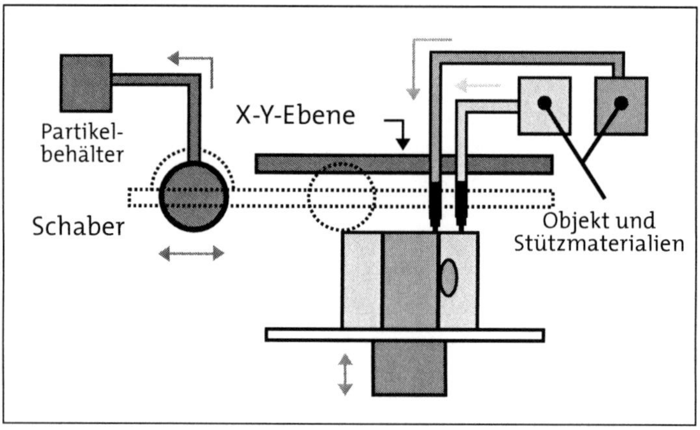

So funktioniert das Inkjet-Printing.

Stützmaterial Hohlräume und wird später mit Wasser ausgewaschen. Jede Arbeitsschicht härtet eine UV-Lampe aus, die ebenfalls in den Jet-Kopf integriert ist.

Eigenschaften: Solidscapes Thermo-Verfahren wird besonders für seine sehr feine Auflösung und Oberflächenreinheit gelobt und qualitativ mit traditionellen CNC-Fräsen verglichen. Die Technik braucht aber gerade bei großen Objekten ihre Zeit. Auch der PolyJet-Mechanismus gilt als vielversprechend und wird als kostengünstiger Ersatz für das aufwendigere Stereolithographie-Verfahren gesehen.[17] Die Einstiegspreise liegen für frühe Modelle bei 65 000 US-Dollar, die aktuellen Eden-Modelle von Objet tragen aber ein Preisschild mit über 100 000 US-Dollar. Es gibt auch deutlich günstigere Inkjet-Gerätevarianten, die mit dem *InVision-Verfahren* von 3D Systems arbeiten und »nur« mit 40 000 US-Dollar zu Buche schlagen. Weitere Preisbrecher in diesem Bereich kommen von Stratasys und Z Corporation (www.zcorp.com), insgesamt ist der Kampf um »Billigangebote« hier mit am größten. Ein weiterer Vorteil für einen möglichen Büroeinsatz ist die relativ ruhige Arbeitsweise der Inkjets. Bei den frühen Solidscape-Anlagen kann der zwischengeschaltete Schabeprozess laut und unangenehm werden.

Verwendung: Da allein Kunststoffe als Ausgangsmaterialien in Frage kommen, ist der Nutzungsbereich von Inkjets noch vergleichsweise begrenzt. Generell sind die Anwendungsmöglichkeiten mit denen der Stereolithographie vergleichbar. Häufig verwendet werden Inkjets beispielsweise in der Medizin für die chirurgische Operationsplanung.

Dreidimensionales Printing (3DP): Rapid Production

Neben dem Inkjet-Printing gibt es noch eine weitere RP-Methode, die das Drucken bereits im Namen führt: das »Three Dimensional Printing«. Die Bezeichnung für dieses am MIT entwickelte Verfahren kann leicht zu Verwirrungen führen, weil häufig allgemein vom Rapid Prototyping als »3D-Druck« gesprochen wird. Die eigentlich damit bezeichnete und gemeinte Technik ist besonders aufgrund ihrer vergleichsweise rasanten Fertigung interessant. Im Wettbewerb steht das Dreidimensionale Printing vor allem mit dem Fused Deposition Modeling.

Funktionsweise: 3DP arbeitet ähnlich wie das Laser-Sintern mit pulverförmigen Rohstoffen. Sie werden aus einer Zulieferungskammer mit einer Walze in die Arbeitskammer transportiert und dort zu einem Pulverbett komprimiert bzw. »ausgerollt«. Anschließend fährt ein mehrdüsiger Inkjet-Kopf darüber

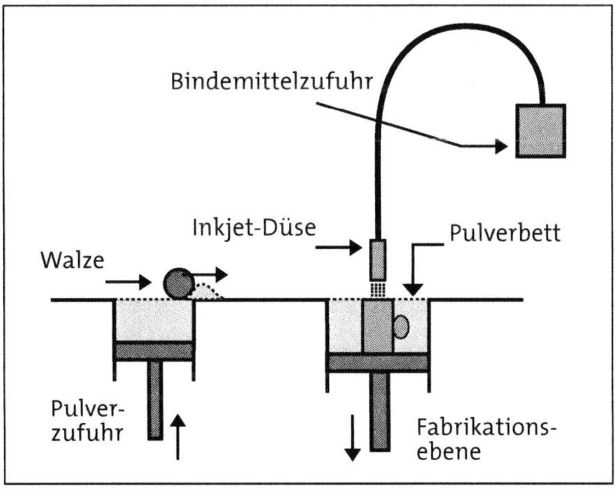

Darstellung des 3D-Druckverfahrens

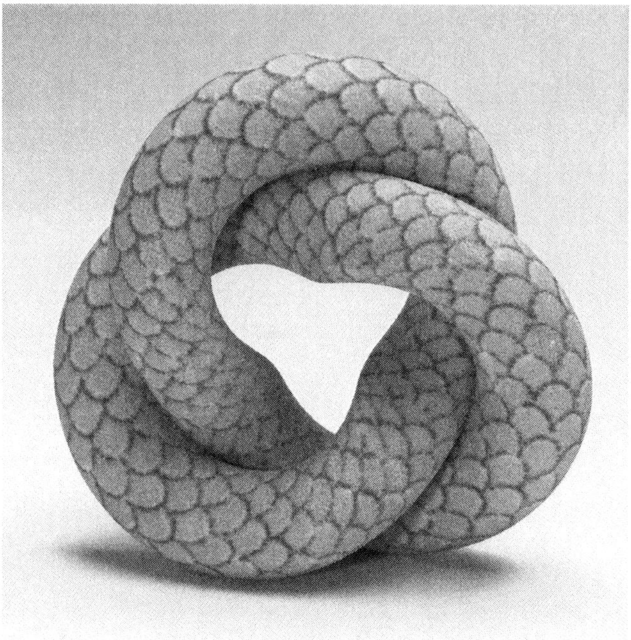

Geometrisch komplexes Schlangenmodell per 3D-Printing

und verteilt in einem zweidimensionalen Muster ein flüssiges Bindemittel, etwa Epoxidharz, an den Stellen über das Pulver, die die erste Schicht des zu fertigenden Objektes bilden sollen und nun zusammengeklebt werden. Die Arbeitskammer wird daraufhin abgesenkt – und das Spiel kann von neuem beginnen. Das überschüssige Pulver kann nach der Vollendung weggeblasen werden. Ein Baugerüst ist nicht erforderlich.

Eigenschaften: Das 3D-Printing kommt mit günstigen Ausgangsmaterialien aus und gilt als die schnellste RP-Methode. Seit kurzem können damit auch mehrfarbige Objekte »geklebt« werden. Wie beim Laser-Sintern kann der Pulvergrundstoff allerdings leicht zu Rissen oder Brüchen auf den Fabrikaten führen.

Verwendung: 3DP wird häufig direkt für die Herstellung von Endbauteilen oder fertigen Produkten eingesetzt. Die US-Firma Specific Surface, die das MIT-Verfahren lizenziert hat, baut mit der Technik beispielsweise große keramische Filter für Kohlekraftwerke. Unter den Lizenznehmern ist neben einigen anderen amerikanischen Unternehmen auch der japanische Konzern TDK, der mit 3D-Printing kleine komplexe Keramikteile in Serie produzieren will.[18] Bauteile aus Gips und Stärke lassen sich mit 3DP-Maschinen von Z Corporation generieren, bedürfen für eine längere Haltbarkeit aber zumindest einer zusätzlichen Lasur. In der Medizin wird 3DP momentan fortentwickelt, um Zahnkronen und andere Prothesen direkt zu fabrizieren. Künstler und Architekten haben sich mit dem Verfahren vor allem wegen der Möglichkeit, Objekte bunt zu gestalten, angefreundet.

Drei weitere Schlüsselverfahren im Kurzüberblick

Hier können bei weitem nicht sämtliche RP-Spielarten vorgestellt werden. Was aber auf keinen Fall fehlen darf, sind ein weiterer Klassiker und zwei neue Entwicklungen mit großem Potenzial.

Laminated Object Manufacturing (LOM)

Für Laminated Object Manufacturing (LOM) lässt sich selbst Altpapier für den industriellen Modellbau nutzen. Ein Objekt wird bei diesem Verfahren aus Schichten von Papier oder Folien aus Keramik, Kunststoff oder Aluminium aufgebaut. Jede neue Schicht wird auf die vorhandene Form aufgeklebt. Dann wird die Kontur nach den Designvorgaben beschnitten, etwa durch einen Laser oder ein Messer, anschließend wird die nächste Schicht aufgebracht etc. Das »Aufkleben« kann auch durch Polymerisation (Solid Foil Polymerisation) oder galvanisch (Electrosetting) erfolgen. Dieses Verfahren wird beispielsweise bei der Herstellung von Geländemodellen oder Designstudien angewendet. Naturgemäß sind die Fertigungskosten bei LOM günstig, die Objekte dafür aber wenig haltbar. Sie sehen hölzern aus und sind auch ähnlich wie Holz verarbeitbar. Der ursprüngliche kommerzielle Anbieter von LOM-Systemen, die Firma Helisys, existiert seit 2000 nicht mehr. Einige

Im LOM-Verfahren gefabbter Delphin

Nachfahren wie das japanische Unternehmen Toyoda Machine Works oder Kinergy in Singapur bieten inzwischen ähnliche Maschinen an. Beliebt ist LOM traditionellerweise bei Architekten und Künstlern, die damit auch sehr große Modelle erstellen können.

Laser Engineered Net Shaping (LENS)

Die LENS-Technik, die von 1995 an in den Sandia National Laboratories in Albuquerque entwickelt wurde,[19] ist grundsätzlich mit dem Laser-Sintern verwandt und arbeitet mit Metallstaub als Rohstoff. Sie hat jedoch den enormen Vorteil, dass ein Metallstück praktisch aus jedem Pulvertyp erzeugt werden kann. Als Grundstoffe kommen unter anderem rostfreier Stahl, Kupfer oder Aluminium zum Tragen. Durch Veränderungen in der Zusammensetzung und in den Materialdispositionen des Ausgangsstoffs lassen sich auch die Eigenschaften des fertigen Werkstückes bestimmen und an die Qualitäten der traditionellen industriellen Fertigung heranführen. Bei der Herstellung schmilzt ein Hochenergie-Laser metallisches Pulver. Er wird dabei durch ein spezielles Linsensystem zentriert. In diesem fokussierten Bereich wird das Pulver koaxial über einen Verteilerkopf zugegeben. Die Bauplattform lässt sich horizontal in zwei Richtungen bewegen, wohingegen sich der Zuführungskopf in vertikaler Richtung bewegt und die Schichten aufeinander fügt.

LENS wurde ursprünglich zur Herstellung von Komponenten für die Wehrtechnik entwickelt. Noch heute gehören die Rüstungsindustrie und das Pentagon zu den Großkunden der Firma Optomec Design (www.optomec.com), die das Verfahren von Sandia lizenziert und kommerzialisiert hat. So setzt beispielsweise die US Army Optomec-Maschinen in ihren *Mobile Parts Hospitals* (MPHs)[20] ein. Das sind mobile Container, die den Soldaten im Kampfgebiet Ersatzteile für Fahrzeuge und Waffen vor Ort liefern sollen und im Irak-Krieg ihre Schlachtenpremiere hatten. Künftig sollen die MPHs mit einer großen CAD-Datenbank mit STL-Files für alle erdenklichen Bauteile und Werkzeuge sowie mit einem Satellitenlink für den Download darin noch fehlender Beschreibungen bestückt werden. Die mobilen Feldfabriken dürften nach Einschätzung von Experten auch zur Versorgung entfernter Ölfelder, Minen oder gar Weltraumstationen herangezogen werden.[21]

Die Luft- und Raumfahrt gehört schon heute zu den Anwendern der LENS-Technik, die in eigenen Varianten auch von US-Firmen wie der POM-Group (Precision Optical Manufacturing) und Aeromet genutzt wird. Darüber hinaus entdeckten Mediziner, dass das Verfahren gut geeignet ist zur Produktion von Implantaten. Auch hier ist entscheidend, dass die Werkteile aus verschiedenen Metallen und Legierungen aufgebaut werden können, beispielsweise ein Titankern übergangslos mit einer dicken verschleißarmen Oberfläche in einem Arbeitsgang hergestellt werden kann. Geschätzt wird

GeLENSte solide Metallteile

beim LENS-Verfahren ferner, dass durch das direkte Verschmelzen des Beschichtungsmaterials mit dem Werkstück eine saubere metallische Bindung mit einer hundertprozentigen Dichte entsteht. Die Kosten für die Herstellung von Implantaten oder anderen Teilen bewegen sich derzeit noch knapp oberhalb der Preise für herkömmlich gefertigte Produkte, wobei sich das rege Interesse an diesem neuen Verfahren, insbesondere an Titanimplementierungen, als Kostendrücker erweisen dürfte. Der LENS-Prozess gilt darüber hinaus als gute Ergänzung für die Endbearbeitung von konventionell gegossenen, geschmiedeten und gefrästen Teilen, bei denen die eigentlich gewünschte Form oder Oberflächenbeschaffenheit mit den herkömmlichen Methoden nicht realisiert werden kann.[22]

Contour Crafting: »Fertighäuser« vom Betondruck-Roboter

Ein für den Bereich RP relativ großes Medienecho hat Behrokh Khoshnevis, Professor an der University of Southern California in Los Angeles,[23] mit dem von ihm entwickelten Verfahren *Contour Crafting* (CC) ausgelöst. Kein Wunder, ist sein geplanter »Betondrucker« doch ein robotisierter Kran, der automatisch ganze Häuser per Rapid-Verfahren hochziehen soll – fast einzugsfertig natürlich. Der Roboter – bisher noch eine Laborversion, die aber 2005 auf der grünen Wiese ans Werk gehen soll – spritzt beim Contour Crafting schnell härtenden Beton als zähe Masse aus und gestaltet damit die Außenform einer Mauer. Die Funktionsweise erinnert an das Fused Deposition Modeling – nur viel größer dimensioniert. Das Bau-Skelett wird anschließend mit Beton gefüllt, Hohlräume für Versorgungsleitungen können freigelassen werden. Der vollautomatische Kran kann auch vorproduzierte Teile wie Dachbalken oder Dachziegel, Stahlarmierungen in Position bringen sowie Wände verputzen und streichen. Nur die Fensterverglasung beherrscht er noch nicht – die zerbrechlichen Scheiben müssen noch per Hand eingefügt werden. Behrokh Khoshnevis nennt das Gerät – nach Meinung des *Spiegel*[24] etwas »großspurig« – seine »Ein-Haus-an-einem-Tag-Maschine«: Der Hausbau soll innerhalb weniger Stunden über die Bühne gehen.

Sollte der Ingenieur mit seiner Erfindung Erfolg haben, steht der Bauwirtschaft eine Revolution ins Haus. Maurer, Zimmermänner, Dachdecker, Klempner, Estrich- und Fliesenleger, Maler oder Tapezierer könnten bald kaum noch etwas zu tun haben, die Immobilienpreise drastisch sinken. Was Khoshnevis vorhabe, bedeute »einen Quantensprung in der modernen Bauindustrie«, glaubt man beim Chemieriesen Degussa. Der Konzern rechnet damit, dass die Automatisierung nach dem Automobil- oder Schiffbau bald auch in den Häuserbau vordringen wird – und erhofft sich weitere Absatzmöglichkeiten im Geschäft mit Bauzusatzstoffen wie besonders schnell härtenden Betonmischungen. Die Potenziale sind gewaltig: Für Architekten und Bauherren verheißt Contour Crafting »den Beginn einer Ära des unbegrenzten Spieltriebs. Außer den Grenzen der Statik wären den Baumeistern in Zeiten von CC kaum noch welche auferlegt. Die neue Technik erlaubt es, nahezu beliebige Formen zu realisieren: gewölbte oder zylindrische Wände etwa, die kaum aufwendiger oder teurer wären als gerade. So könnten Häuser in Serie entstehen, wie vom Fließband – aber auch individuell gestaltete Einzelanfertigungen wären problemlos möglich. [...] Weil ein digitaler Bauplan die Maschine steuert, könnten sich faszinierende neue Möglichkeiten ergeben: Historische Städte wie das von einem Erdbeben zerstörte Bam in Iran ließen sich schnell wieder aufbauen.«[25] Auch für die Konstruktion von Bauten auf anderen Planeten im Rahmen der Besiedelung des Weltalls erscheint Beobachtern CC als nachgerade ideal.[26] An einem ähnlichen Verfahren, das große Formen mithilfe von Robotern erstellt, arbeitet Professor Fritz B. Prinz an der Stanford University.[27]

Der RP-Markt

Rapid-Systeme sind seit über fünfzehn Jahren auf dem Markt verfügbar. Ausgehend von den USA hat sich um die Techniken herum eine weltweite Industrie gebildet. Sie besteht aus:

- den Herstellern und Verkäufern von RP-Maschinen (Hardware) und der zugehörigen Software;
- den Herstellern und Verkäufern von den Rohmaterialien, aus denen Objekte im Rapid-Verfahren gefertigt werden und die sich in der Regel nur für eine spezielle Rapid-Technik eignen;
- sowie den Anbietern von RP-Dienstleistungen. Dazu gehören neben Service-Büros, in denen sich ein Kunde anhand einer STL-Datei ein Bauteil anfertigen lassen kann, auch die Anbieter von Wartung, Training oder Beratung.

Ihr Stelldichein gibt sich die Branche auf den »User Group Meetings« einzelner Hersteller sowie auf Fachmessen wie der Euromold in Frankfurt (www.euromold.com). Im Internet trifft sich der harte Kern der Anwender- und Forscherszene rund um Rapid Prototyping auf der »Rapid Prototyping Electronic Mailing List«[28] (kurz: RP-ML). Ein deutsches Online-Forum zu Rapid-Technologien[29] hat das Institut für Werkzeugmaschinen und Betriebswissenschaften der Technischen Universität München ins Leben gerufen.

Systemhersteller

Weltweit gibt es momentan rund 45 System- oder Technologieanbieter im Bereich Rapid Prototyping inklusive all seiner Varianten. Ein großer Teil davon steckt noch in der Phase von Forschung und Entwicklung oder im Geschäftsaufbau. Der Markt ist noch weitgehend US-zentriert: So befinden sich zwanzig der Firmen in den Vereinigten Staaten, aber immerhin auch siebzehn in Europa und Israel. Neun Anbieter sitzen in Japan und Südostasien. Die RP-Unternehmen außerhalb der USA haben anfangs häufig die Maschinen amerikanischer Vorbilder nur kopiert, modifiziert und zu verbessern versucht. Es kam zu zahlreichen Rechtsstreitigkeiten um das geistige Eigentum an den Erfindungen – zumal, wenn die Neueinsteiger auch den US-Markt ins Visier nahmen. Allein in den USA gab es Mitte Juli 2004 insgesamt etwa 2300 angemeldete Patente oder veröffentlichte Technologiebeschreibungen rund um Rapid Prototyping. Die jährliche Zuwachsrate wird auf sechshundert neue Patenterteilungen bzw. -anträge geschätzt.[30] In jüngster Zeit einigten sich einige der größten Konkurrenten im Streit um die Vermarktung ihrer Ideen und gingen gegenseitige Abkommen ein. Zuvor hatten immer mehr Firmen in Europa sowie im Mittleren und Fernen Osten technische Originalität bewiesen und sich bei RP-Verfahren und -Maschinen auf eigene Beine gestellt.

Der Gesamtumsatz der Maschinenverkäufer lag 2003 bei knapp 530 Millionen US-Dollar.[31] Die RP-Industrie wuchs damit im Vergleich zu 2002 um 9 Prozent und konnte ihren Abwärtstrend während der allgemeinen Wirtschaftskrise wieder umkehren. Entsprechend dem *Wohlers Report 2004*, dem statistischen Standardwerk der Branche, waren günstige RP-Systeme besonders gefragt: »Der Verkauf von Maschinen der unteren Preisklasse kletterte in nie erreichte Höhen, wobei sich 3D-Printer zu den Kronjuwelen der RP-Industrie aufschwangen«, kommentierte Chefautor Terry Wohlers im Mai 2004 die Zahlen. An der Spitze der Hersteller-Charts hat der Industriebeobachter einen Kampf zwischen Stratasys und 3D Systems ausgemacht, wobei die Stratasys gerade dabei sei, den Platzhirsch vom Thron zu stoßen. Auch Z Corporation habe sich gut positioniert in den Verkaufscharts. Insgesamt haben die US-Produzenten laut Wohlers 2003 sowohl bei der Produktion als auch bei der Nutzung von RP-Systemen ihre führende Stellung verteidigt.[32] Profitabel sind aber auch die US-Vorreiter in der Regel noch nicht. Um Gewinne zu machen, reichte der leichte Wachstumsschub 2003 nicht aus. So verharrte die Basis an weltweit installierten RP-Systemen bei elftausend Stück, mit denen etwa fünf Millionen Bauteile fabriziert wurden.[33]

Europäische Hersteller

Schwerpunkte der RP-Forschung und -Entwicklung außerhalb der USA stellen Europa, Israel, Japan und China dar. Dort hat sich in den vergangenen fünf bis zehn Jahren einiges getan, die Branche ist im Aufschwung. Das World Technology Evaluation Center (WTEC) kam im Auftrag der US-Regierung bei einer Rundreise durch die ausländischen Rapid-Zentren sogar zu der Einschätzung, dass »der Stand der Aktivitäten und der Infrastruktur dem Level in den USA überlegen ist«. Auffallend seien vor allem die viel engeren Verbindungen zwischen der universitären Forschung und den Bedürfnissen der Industrie.[34] In Deutschland lobte das Gremium insbesondere die gute Zusammenarbeit zwischen Unternehmen, Regierung und der Fraunhofer-Gesellschaft (FHG), die einen Großteil der Forschung im Bereich Rapid-Technologien vorantreibt. Als Ansprechpartner und virtuelles Koordinationszentrum nach außen fungiert die Fraunhofer-Allianz Rapid Prototyping[35], zu der sich die zwölf in diesem Sektor aktiven FHG-Institute zusammengeschlossen haben.

Erstaunt waren die amerikanischen Begutachter auch, bei der Marler Firma Envisiontec (www.envisiontec.de) mit dem Bioplotter[36] bereits ein RP-System vorzufinden, das mit Biomaterialien und sogar Zellkörperstrukturen arbeiten kann. »Das ist die Zukunft der Biofabrikation«, waren sich die Analysten einig und hielten weiter fest: »Dieses kommerziell verfügbare System ist genauso weit fortgeschritten wie reine Forschungsprototypen in den USA.« Andere Beobachter erkennen in der Maschine, die 1999 am Freiburger Materialforschungszentrum der Albert-Ludwigs-Universität erfunden wurde, ebenfalls große Potenziale. So soll es eines Tages damit möglich werden, künstliche Organe gleichsam auszudrucken. Dabei könnten Zellmaterialien zum Einsatz kommen, die beispielsweise bestimmte Bakterien automatisch abtöten.[37]

Auch mit einem anderen Gerät, das den Personal Fabricator bereits im Namen führt, dem Perfactory-System, werden Envisiontec gute Chancen eingeräumt. »Sobald die Firma ihre Forschungs- und Entwicklungskosten hereingeholt hat, könnte die Maschine erschwinglich werden«, glaubt Brock

Hinzmann von SRI Business Intelligence. Ihr Vorteil sei ihre Arbeitsgenauigkeit dank des Einsatzes einer verbesserten und vereinfachten Form der Stereolithographie. Zudem sei die Maschine, die nur 0,3 Quadratmeter Raum für sich beansprucht, relativ klein und damit nicht nur in der Industrie einsetzbar. Noch liegt der Preis für das Perfactory-System bei 55 000 Euro, was das Gerät nur für den Profi-Einsatz erschwinglich macht (vgl. das Interview mit Hendrik John im Anhang S. 114).

Eigentlicher Marktführer in Deutschland und Europa ist aber die EOS GmbH – Electro Optical Systems, die in Krailling bei München beheimatet ist. Die Oberbayern verkaufen nach eigenen Angaben europaweit die meisten Laser-Sintersysteme und machen jährlich über 40 Millionen Euro Umsatz. Nachdem EOS anfänglich sowohl im Bereich Stereolithographie als auch im Bereich Laser-Sintern tätig war, hat EOS 1997 entschieden, sich rein auf das Laser-Sintern zu fokussieren. Die Sparte der Stereolithographie wurde an den Konkurrenten 3D Systems verkauft. Seit Anfang 2003 ist EOS auch auf dem

Die Perfactory-Maschine von Envisiontec: Fabricator auf Rollen

lukrativen US-Markt aktiv. Der anhängende Patentstreit mit 3D Systems konnte Anfang 2004 beigelegt werden.[38]

EOS verfolgt konsequent die Vision des e-Manufacturing, der schnellen, flexiblen und kostengünstigen Produktion direkt von 3D-CAD-Daten. Unter dem Motto »From Design directly into Production« bewegen sich EOS-Technologien so von der Produktentwicklung hin zur Fertigung von Kleinserien und Ersatzteilen. Hier konnte EOS in letzter Zeit eine große Anzahl von Fabrikatoren präsentieren, die beweisen, dass die Fertigung von Kleinserien mit Laser-Sintersystemen wirtschaftlich sinnvoll ist. Im Folgenden werden einige von EOS realisierte Beispiele kurz dargestellt.

Sonnenbrille: Bei der Herstellung von Designer-Sonnenbrillen für den Konsumgütermarkt ergibt sich die Anforderung, auch Kleinserien kostengünstig herstellen zu können. Insbesondere vor dem Hintergrund des hohen Designanspruchs, den Kunden an eine Sonnenbrille legen, ist die Vision der Minifabrik eine interessante Möglichkeit, die Produktion individualisierter Sonnenbrillen anzubieten. Hierbei ist denkbar, dass sich Kunden mithilfe von Konfiguratoren ihre individuelle Brille erstellen. Die 3D-CAD-Daten, die hieraus generiert werden, können direkt an ein Kunststoff Laser-Sintersystem

Sonnenbrille (Technologia & Design, Crabbi Sunliving)

(EOSINT P) geleitet werden, wo sie produziert werden. Nach dem Prozess des Laser-Sinterns erfolgen ein Finishing der Kunststoffbrille und eine Beschichtung. Besonders interessant ist der Einsatz des Laser-Sinterns dann, wenn durch die sich bietende Gestaltungsfreiheit beispielsweise ein »Kopierschutz« integriert werden kann, das heißt Gestaltungselemente verwendet werden, die nicht mit konventionellen Methoden zu realisieren sind (zum Beispiel ein Hinterschnitt oder ein langer dünner Verbindungssteg, der mit Spritzgussverfahren nur sehr aufwendig zu erstellen ist).

Hörgeräte: Ein weiteres Anwendungsbeispiel für eine Minifabrikstruktur ist die Produktion von Hörgeräten. Bedingt durch die individuelle Formung des Gehörkanals ist eine individualisierte Produktion in diesem Bereich unumgänglich. Während die Gehörelektronik an den individuellen Unterstützungsbedarf des Patienten mithilfe von Software angepasst werden kann, ermöglicht es das Laser-Sintern, die Außenhaut der Hörhilfe individuell an den Gehörgang des Patienten anzupassen.

Die Erstellung einer individualisierten Hörhilfe in einer Minifabrik kann dabei wie folgt ablaufen:

1. Ermitteln der Geometrie des Gehörgangs mittels eines Wachsabdrucks
2. Ermitteln einer 3D-CAD-Punktewolke durch Scannen dieses Wachsabdrucks
3. Bearbeiten der gewonnenen Daten in einem CAD-Programm (zum Beispiel Integrieren einer Identifikationsnummer, um den Kundenauftrag aus der Summe der im Bauraum gesinterten Bauteile identifizieren zu können)
4. Laser-Sintern der individualisierten Gehörschale
5. Kombination der Gehörelektronik mit der Gehörschale

Diese Prozessschritte können alle sehr gut in einer Minifabrik abgebildet werden. Durch die unumgänglich notwendige Anpassung der Gehörschalen an die individuellen Patientendaten ist die Alternative einer zentralen Serienproduktion nicht möglich. Eine Vor-Ort-Fertigung mittels eines Laser-Sin-

Schema einer Gehörhilfe (Phonak)

tersystems ermöglicht die rasche Bedienung individueller Kundenwünsche. Während die Elektronik in einer zentralen Fabrik in Großserienproduktion hergestellt werden kann, muss die Anpassung der Software an die individuellen Bedürfnisse der Kunden in der Minifabrik erfolgen.

Dentalkamera: Ein weiteres Beispiel für das Angebot individualisierter Produkte, das dem Kunden echten Mehrwert bietet, kommt aus der Medizintechnik. Hier ist an eine individualisierte Dentalkamera zu denken, die an die jeweilige Handform eines Zahnarztes angepasst werden kann.

Dieses Anwendungsfeld für ein Minifabrik-Netzwerk ist besonders interessant, da im Bereich medizinischer Geräte generell nur von einer geringen Stückzahl auszugehen ist. Das heißt, herkömmliche, auf große Stückzahlen ausgelegte Fertigungsprozesse sind selten eine gangbare Möglichkeit, daher sprechen für den Einsatz alternativer Fertigungsverfahren vor allem zwei Gründe:

1. Die Kleinserienfertigung wird wirtschaftlich möglich.
2. Die Gestaltungsfreiheit ermöglicht, auf individuelle Wünsche der Kunden einzugehen, und erhöht dadurch den für sie entstehenden Nutzen.

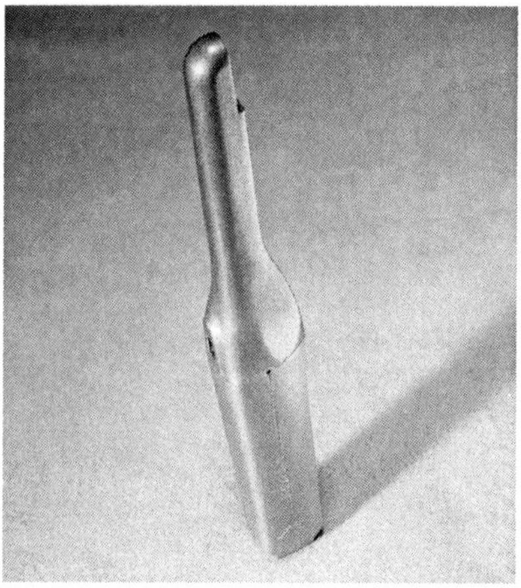

Dentalkamera (Planmeca)

Genau diese beiden Gründe machen auch die Fertigung individualisierter Dentalkameras in Minifabriken sinnvoll. Darüber hinaus kann die Minifabrik ihre Stärke der intensiven Kundenbetreuung vor Ort ausspielen, indem die Anpassung an die Handgeometrie durch geschultes Verkaufspersonal vorgenommen und durch elektronische Werkzeuge, wie zum Beispiel Scanner, unterstützt wird. Die generierten 3D-CAD-Daten können sofort im Laser-Sintersystem umgesetzt werden.

Ersatzteile: Ein weiteres interessantes Anwendungsfeld für Minifabriken auf der einen und Laser-Sintersysteme auf der anderen Seite ist die Bereitstellung selten gebrauchter Ersatzteile.[39]

Solche Ersatzteile fallen beispielsweise im Bereich der Automobilindustrie an, wo die Beschaffung von Ersatzteilen für ältere Modelle wie Oldtimer oft schwierig ist. Dies gilt jedoch nicht nur für Liebhaberobjekte, sondern beispielsweise auch für Nutzfahrzeuge. Zu denken ist hierbei insbesondere an Altfahrzeuge, die in Dritte-Welt-Ländern noch wertvolle Dienste leisten. Da diese Geräte auch nach einer Lebenszeit von über vierzig Jahren dort noch im Einsatz sind, kann eine Bereitstellung von Originalersatzteilen nicht mehr gewährleistet werden. Eine Lösung hierfür wäre, dass sich eine Minifabrik auf die Fertigung von Ersatzteilen beispielsweise für Nutzfahrzeuge spezialisiert.

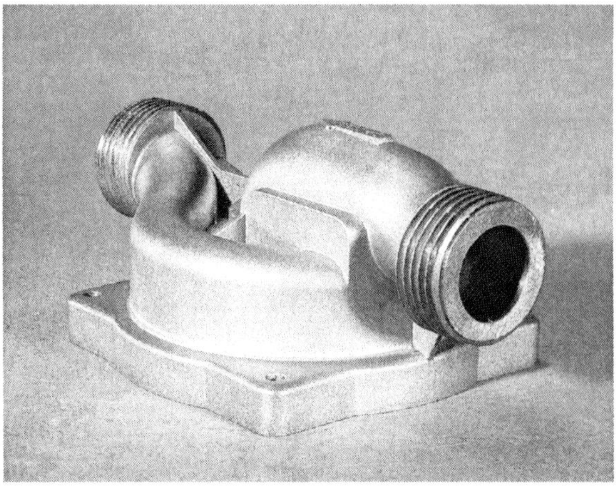

Beispiel für ein mögliches Ersatzteil: Pumpengehäuse

Die Stärken der Minifabrik, insbesondere die Präsenz vor Ort, kann voll ausgespielt werden. Durch geschultes Verkaufspersonal, Originaldaten oder durch geeignete Scannermethoden kann in einer Minifabrik in Afrika beispielsweise die Geometrie eines Pumpengehäuses eines MAN 15.215 DHS, Baujahr 1968 ermittelt werden. Da ein Ersatzteilbau über Originalwerkzeuge sicherlich nur in den seltensten Fällen möglich sein wird, können alternative Fertigungsmethoden insbesondere in einem Minifabrik-Netzwerk hier zielführend eingesetzt werden. Je nach Größe kann ein Bauteil beispielsweise direkt mittels Laser-Sintern erstellt werden. Andererseits kommen für die Ersatzteilfertigung auch die weiteren Einsatzmöglichkeiten von Laser-Sintersystemen in Betracht. Insbesondere für Metallteile ist das »DirectCast«-Verfahren von besonderer Relevanz. Durch die Fertigung von Sandformen und -kernen mittels Laser-Sintersystemen können Ersatzteile in Originalwerkstoffen erzeugt werden.

Weitere RP-Firmen neben EOS sind in Deutschland Trumpf, Fockele & Schwarze (www.fockeleundschwarze.de), microTec, MCP-HEK Tooling (www.mcp-group.de) oder rpm rapid product modellbau (www.rpm-factories.de).

Ansonsten hat sich in Großbritannien unter anderem die Universität Liverpool mit ihrem Manufacturing Science & Engineering Research Centre (http://mserc.liv.ac.uk) als Hotspot der RP-Forschung einen Namen gemacht.

Ähnliches gilt für die Wolfson School of Mechanical and Manufacturing Engineering an der Loughborough University (www.lboro.ac.uk/departments/mm). In Schweden hat zudem die Firma Arcam AB (www.arcam.com) internationale Aufmerksamkeit auf sich gezogen. Sie entwickelt eine *Electronic-Beam-Schmelztechnologie*, die das Potenzial zur Produktion fertiger Metallteile hat.

Die amerikanischen Marktführer

Gemessen an den Gesamtumsätzen in Höhe von 110 Millionen US-Dollar blieb 3D Systems Marktführer. Im Gegensatz zum allgemeinen Trend verschlechterte der Pionier aber seine Umsätze im Vergleich zum Vorjahr und erhöhte gleichzeitig seine Verluste von 15 auf 26 Millionen US-Dollar. Die Aussichten für 2004 sind allerdings besser: »Die Firma hat in den vergangenen Jahren ständig daran gearbeitet, den Markt zu entwickeln, ihre Position mit einem Portfolio von hunderten Patenten abzusichern und ihre Maschinen, Software und Materialien zu verbessern«, betont der Marktbeobachter Ed Grenda. 3D Systems habe langwierige Rechtsstreitigkeiten beendet und sein Portfolio erweitert, wobei hauptsächlich nach wie vor Stereographie-Systeme als Highend-Lösungen mit hoher Qualität verkauft würden. Boden gut gemacht habe das Unternehmen mit dem im Oktober 2003 eingeführten *InVision*-Printer, der mit den Billigalternativen der Konkurrenz standhalten könne und schon nach wenigen Wochen für unter 40 000 US-Dollar verkauft wurde. Technologien zur besseren Produktion von Kunststoff- und Metallmaterialien hat sich 3D Systems zudem mit der Akquisition der Firma DTM eingekauft. Aufgrund kartellrechtlicher Bedenken zwang jedoch das US-Justizministerium den Marktführer gleichzeitig, sein intellektuelles Eigentum an einen ausländischen RP-Wettbewerber zu lizenzieren und diesem so den Markteintritt in die USA zu erleichtern. Beide Seiten verständigten sich auf den japanischen Konzern Sony, der seitdem den US-Markt aufzumischen versucht.[40] In Deutschland ist 3D Systems mit einer Firmentochter in Darmstadt vertreten.

Stratasys machte 2003 zwar »nur« 51 Millionen US-Dollar Umsatz, steigerte sich dabei aber im Vergleich zu 2002 um 28 Prozent. Die an der Börse gehandelte Firma verkaufte 2003 exakt 691 Maschinen – und damit weit mehr als jeder andere Hersteller. Verfahrenstechnisch hat Stratasys den Schwerpunkt beim Fused Deposition Modelling und beim Inkjet-Printing. Ihr Augenmerk hat die Firma auf den Bürobereich mit vergleichsweise kleinen und ruhigen Maschinen gerichtet, die mit einer beachtlichen Materialbreite aus dem Kunststoffbereich arbeiten. Die Oberflächengenauigkeit der produzierten Objekte konnte das Unternehmen über die Jahre hinweg deutlich verbessern. 2002 führte es seinen ersten Inkjet-Drucker zum Kampfpreis von 30 000 US-Dollar ein, was die Verkaufszahlen um 70 Prozent nach oben schnellen ließ. Seit Anfang 2004 sind Printer von Stratasys bereits ab 24 900 US-Dollar zu haben. Daneben gibt es eine »Profi-Variante«, die Stützmaterialien automatisch entfernt, was sonst nur bei deutlich teureren Geräten üblich ist.[41]

Einen Preiskampf muss sich Stratasys vor allem mit Z Corporation liefern. Der Herausforderer ist ein Lizenznehmer des MIT-Verfahrens zum Dreidimensionalen Printing und hat auf dieser Grundlage 2002 ein RP-System für 30 000 US-Dollar herausgebracht, das Mitte 2004 noch mit 26 000 US-Dollar zu Buche schlug. Anfang desselben Jahres konnte die Firma, die es 2002 und 2003 in die Liste der hundert am schnellsten wachsenden US-Unternehmen des Magazins *Inc.* schaffte, die Auslieferung ihrer tausendsten Maschine bekannt geben.[42]

Auf der Watchliste der Analysten weit oben stehen auch Optomec aus Albuquerque, New Mexico, mit der Vermarktung der zukunftsträchtigen LENS-Technologie sowie Solidica (www.solidica.com). Die Firma aus Ann Arbor in Michigan hat das Verfahren Ultrasonic Consolidation (UC) entwickelt und darin Techniken der klassischen Werkzeugfertigung mit Rapid Manufacturing vereint. Sie eignen sich besonders gut zur Verarbeitung von Aluminium. In der Maschine *Form-ation 2030* von Solidica verschmilzt der Ultraschall beispielsweise einzelne Metallschichten und erzeugt metallurgische Bindungen. Die entstehenden Bauteile verfügen über eine sehr feine Oberfläche und gehen in ihrer Qualität weit über das reine Modellstadium hinaus. Zudem können auch recht große Objekte hergestellt werden.

Die weltweite Konkurrenz

Israel

Kommt im Zusammenhang mit Rapid-Prototyping die Sprache auf Israel, kann im Grunde nur Objet Geometries gemeint sein. Seit Ende 2001 mischt der Neueinsteiger mit seinen Inkjets die RP-Gemeinde auf, wobei ihm aus dem eigenen Land nur die Firma Solidimension (www.solidimension.com) Konkurrenz macht. Das aktuelle Eden-System von Objet ist mit einem Einstiegspreis von etwa 90 000 US-Dollar zwar beileibe kein Schnäppchen. Da der Rapid-Drucker aber in der Qualität fast an die viermal so teuren Stereolithographie-Maschinen heranreicht und kaum Treppenabsatzspuren hinterlässt, konnte Objet relativ rasch Abnehmer dafür finden. Ende 2003 gingen die Israelis eine Partnerschaft mit Stratasys ein, aufgrund derer die Amerikaner Objet-Systeme in den USA vermarkten.[43]

Japan

Aus Japan gibt es bislang noch relativ wenige Vorstöße auf den internationalen RP-Markt, auch wenn dort Beobachtern zufolge eifrig an der Zukunftstechnologie geforscht und viel experimentiert wird. »Japans Systemverkäufer scheinen den traditionellen Langzeitansatz zu fahren«, schätzt der Branchenanalyst Ed Grenda. »Sie lassen ihre Technologie und ihr Marketing erst durch einen heftigen heimischen Wettbewerb abschleifen und nutzen die daraus resultierenden Produkte dann, um die ausländischen Märkte anzusteuern, sobald Streitigkeiten rund um das geistige Eigentum abebben.« Nach Grendas Einschätzung haben sich die Japaner auf die Verbesserung der Stereolithographie versteift; mindestens fünf Firmen sollen auf diesem Gebiet aktiv sein und dabei bereits Desktop-Systeme zum unschlagbaren Preis von etwa 10 000 US-Dollar anbieten.

Die einzige japanische Firma, die Stereolithographie-Maschinen bereits in den USA verkauft, ist aufgrund eines kartellrechtlichen Hintergrunds Sony. Die Vermarktung erfolgt über die hundertprozentige Tochter D-MEC (www.d-mec.co.jp). Es bleibt abzuwarten, wie sich der Einstieg eines sonst gerade im Verbrauchersektor starken Konzerns auf die Fortentwicklung des Marktes insgesamt auswirkt. Schon heute sollen die Sony-Maschinen ihre Pendants von 3D Systems an Produktionsgeschwindigkeit und -genauigkeit übertreffen. Langsam den Schritt ins Ausland wagen überdies die in Tokio angesiedelte Firma CMET (www.cmet.co.jp), der Konzern TDK, die Firma Autostrade (www.autostrade.co.jp) und das Unternehmen Meiko (www.meiko-inc.co.jp), das sich wie Solidscape in den USA auf die Fertigung von Modellen für Juwelen spezialisiert hat. Im Bereich Laminated Object Modelling sind überdies die Firmen Toyoda Machine Works (www.toyoda-kouki.co.jp) und Kira (www.kiracorp.co.jp) nach wie vor aktiv, auch bereits in den USA und Europa.

China

Gespannt schaut die RP-Welt zudem nach China. Die Regierung in Peking hat ein ambitioniertes Entwicklungsprogramm aufgelegt. Geforscht wird im RP-Bereich vor allem an der Tsinghua University (www.tsinghua.edu.cn/eng) in der Hauptstadt. Firmen wie Beijing Yinhua (www.rpyinhua.com), Shanghai Uniontech (www.union-tek.com) und Wuhan Benha Mechanical & Electrical (www.binhurp.com) vermarkten ihre Produkte weltweit, wenn auch noch in geringen Stückzahlen. Multifunktionssysteme, die sowohl LOM als auch FDM-Funktionen durch den Austausch einiger Maschinenteile übernehmen, werden bislang nur in China entwickelt. Stark sind die Chinesen auch beim so genannten *Rapid Freeze Prototyping*, bei dem Wassereis als Rohmaterial verwendet wird.[44] Allgemein trauen Experten China überraschende Durchbrüche bei der Entwicklung billiger RP-Systeme zu, weil eine vergleichbar große Schar von Forschern auf das Thema angesetzt wurde und die Sorgen um mögliche Verletzungen geistiger Eigentumsrechte in China noch gering sind.

Der Material- und Servicemarkt

Die meisten Hersteller von RP-Systemen bieten zusammen mit ihren Maschinen auch eigene, teils proprietäre Fertigungsmaterialien an. Die Rohstoffe kommen in der Regel nicht billig. So kostet ein Liter Fertigungsmaterial für die Inkjets aus dem Hause Objet derzeit 200 Euro, ein Liter Stützmaterial 120 Euro. Die Preise anderer Hersteller sind durchaus vergleichbar. Ein echter Kostendruck wie bei der Vermarktung der Maschinen besteht momentan nicht. Die RP-Systemhäuser haben allerdings noch alle Hände voll damit zu tun, die zum Einsatz kommende Rohstoffpalette ständig zu verfeinern und durch unterschiedlichste Mischungen gewünschte Materialeigenschaften wie hohe Beständigkeit und Festigkeit zu erzielen. Am häufigsten Anwendung finden nach wie vor Kunststoffe zur Fabrikation von Plastikteilen sowie verstärkt Metallpulver oder dünne Walzbleche. Andere Materialien wie keramische Partikel oder Papier kommen seltener zum Einsatz. Mittelfristig streben die Produzenten vermutlich ein Modell an, das dem klassischer Druckerfabrikanten entspricht: Die Geräte an sich werden immer billiger, während das eigentliche Geschäft mit dem Printermaterial gemacht wird.

Mit den hohen Maschinen- und Materialkosten allein ist es nicht getan. Die Hightechgeräte müssen in der Regel noch von erfahrenem Personal bedient und gewartet werden. Auch der Unterhalt kann teuer kommen: Der Austausch eines Lasers in einem Stereolithographie-System wird mit bis zu 20 000 US-Dollar berechnet.[45] Die erforderlichen Investitionen und Operationsaufwendungen haben einen starken Anreiz für die Entstehung einer nachgeordneten Kleinindustrie im Servicebereich gegeben. Sie bietet eine breite Palette an Dienstleistungen an, die vom CAD-Design bis zum eigentlichen Anfertigen von Bauteilen reicht. Grenda schätzt die Zahl solcher RP-Servicebüros auf mehr als 640 weltweit.[46] Mehrere Dutzend entsprechender Dienstleister gibt es auch in Deutschland. Eine Übersicht der größten hierzulande und in anderen wichtigen RP-Regionen findet sich auf der Website von Wohlers Associates.[47]

Potenziale der Technik – notwendige Schritte

Seit bald zwanzig Jahren experimentiert und arbeitet eine wachsende Zahl von Ingenieuren, Forschern, Technologen sowie Künstlern mit Rapid Prototyping in all seinen Formen. Eine Vielzahl technischer Verfahren hat sich herausgebildet, RP-Systeme von den unterschiedlichsten Herstellern sind verfügbar. Ein alter Traum ist greifbar geworden: der vom »selbstproduzierenden Konsumenten«, wie ihn der Schweizer Innovationsforscher Willy Bierter schon in den Siebzigern beschrieben hat (vgl. das Interview mit Willy Bierter im Anhang S. 111). Seitdem geistert die Legende vom »Prosumenten« durch die Debatte, die in ihrer Form und Ausgestaltung in etwa vergleichbar ist mit der – allerdings schon deutlich älteren und zuletzt durch das Internet erneut angeheizten – Beschwörung des aktiven, emanzipierten, die Inhalteproduktion selbst in die Hand nehmenden Mediennutzers.

Nun steht der Personal Fabricator, das fehlende Glied hin zur Gesellschaft der computerisierten, digital-vernetzten, sich über ihre Automatenwelt versorgenden Prosumenten, fast schon im Raum. Bereits vor über zehn Jahren sah Marshall Burns den Fabber vor seinem geistigen Auge, und gut fünf Jahre später schon konnte er sich einen selbständigen Mechaniker vorstellen, der sich für 25 000 US-Dollar eine RP-Maschine kauft, damit zunächst dem Sohn das erträumte Rennauto zum Spielen fabriziert und der Tochter einen neuen Teetisch für ihre Barbiepuppe. Dabei entdeckt er gleichsam nebenbei einen großen Markt für individuell nach den Wünschen der Kunden gefertigtes Puppenzubehör.[48] Die Preise für Rapid-Printer liegen inzwischen tatsächlich in dieser Spanne, doch der Druck zur Fertigung immer kostengünstigerer Rapid-Systeme wird immer größer – vor allem bei Inkjet-Printern. Eine echte Dynamik im Konsumentenbereich gibt es jedoch noch nicht. Ein Preis von

5000 oder besser 1000 US-Dollar für einen Fabber ist momentan noch nicht vorstellbar. Brock Hinzmann schätzte 1996, dass ein solches Angebot noch mindestens zehn Jahre entfernt ist. Von heute aus gesehen kann man auf diese Zeitrechnung noch einmal gut zehn Jahre – für den 3D-Drucker zum Schnäppchenpreis von 500 US-Dollar sogar noch zwanzig Jahre und mehr – hinzurechnen.

Rapid Prototyping ist momentan noch eine feste Domäne der Industrie, des professionellen Dienstleistungsgewerbes und ansonsten allenfalls ein Faible der Kunst- und Designbranche. In Fachkreisen sorgte schon vor einigen Jahren beispielsweise die amerikanische Kunstprofessorin Kimberly Voigt für Aufsehen. Sie erstellte mithilfe von Stereolithographie große Ringe[49] mit juwelenähnlichen Steinen, die zudem noch eine Uhr enthielten, wie auch andere

> Wir befinden uns mitten in gleichzeitig stattfindenden technischen, biologischen, ökologischen und kulturellen Revolutionen; aber irgendwie geht das Leben ganz normal weiter. Ohne Absicht sind wir jetzt als Kunst und Künstler dabei, eine Zukunft für kommende Generationen sowie für uns selbst zu entwerfen und neu zu definieren. Genauso wie verschiedene Materialien (Metall, Farbe, Glas, Heu etc.) verkörpern auch unterschiedliche Technologien eine Vielzahl von verschiedenen Formen und Stimmen ... Jede davon gibt Künstlern Nuancen und Möglichkeiten an die Hand, sie kreativ und pädagogisch zu erforschen.
>
> *Kimberly Voigt (amerikanische RP-Künstlerin)*

knallige Schmuckstücke zur Körperzierde. Gerade in diesem Bereich der individuellen Ausstattung, der von dekorativen Prothesen über künstliche Zusätze für den menschlichen Körper bis hin zu konfektionierter Kleidung und dazugehörigen Accessoires reicht, sehen Beobachter wie Hinzmann Killer-Applikationen für den Einstieg von Rapid-Design in den Konsumentenmarkt.

Von Designer-Klamotten zu Heroes on demand

Als zukunftweisend könnte sich im Modebereich außerdem die »Kleidung zum Ausschneiden« des innovativen japanischen Fashion-Designers Issey Miyake erweisen. Statt das Pariser Publikum mit seiner neuesten Komplettkollektion zu entzücken, produziert der Visionär inzwischen Designerkonfektionen in einem eigens für seine Zwecke angepassten Rapid-System. A-POC – *A Piece of Cloth* – hat er das Verfahren genauso wie sein neues Label getauft. Bei dieser Methode wird rein gar nichts mehr genäht. Vielmehr verschmilzt die Maschine die verwendeten Kunststofffäden ähnlich wie beim Laminated Object Manufacturing Schicht für Schicht. Heraus kommt ein Stück Stoff, das tatsächlich nicht mehr nach irgendwelchen für den Laien recht unübersichtlich wirkenden Schnittmustern weiter verarbeitet werden muss. Das eigentliche Kleidungsstück wird lediglich entlang der bereits »eingewebten« Trennlinie herausgeschnitten, und schon sind die wie angegossen sitzende Hose, das kleine Schwarze oder das perfekt anliegende Anzughemd fertig.[50]

> Kleidung wird auch intime Architektur genannt. Wir wollen darüber hinaus gehen.
>
> *Issey Miyake*

Die Vorteile dieser Fertigungsart liegen auf der Hand: Nicht nur, dass etwa nach einem Körper-Scan entsprechend einem Computermodell die perfekte Maßanfertigung per Rapid-Verfahren produziert werden kann. Die Customization geht so weit, dass sich zum Beispiel kurzerhand der Rundkragen eines Pullovers mit der Schere in einen V-Ausschnitt verwandeln lässt. Da die Kleidung nicht genäht ist, kann bei einem solchen Eingriff auch kein Faden reißen. Zudem können die Designer letztlich die Detailverwendung eines jeden Millimeters Stoff kontrollieren und so etwa die Ärmel eines Hemds elastischer gestalten als den Kragen. Der Clou an der A-POC-Maschine ist, dass sie sämtliche fadenähnlichen Rohstoffe verarbeiten kann. Miyakes Team hat beispielsweise schon Sofas und Stühle hergestellt, die in Gestaltung und Material Sitzsäcken ähneln. Die Japaner experimentieren zudem mit einem neuen Kunstharz, das hart wie Stahl sein soll. Damit könnten sie sogar Khoshnevis'

Lampenmodell »Lily« von Freedom of Creation

Betondruck-Robotern Konkurrenz machen. Voll des Lobs für dieses Rapid-Verfahren des Modedesigners ist jedenfalls seine Landsfrau Toshiko Mori, Architektin und Professorin an der Harvard Graduate School of Design: »Ich denke, wir können mit dieser Technik Häuser und Komponenten in einer Art und Weise bauen, die sowohl ökonomisch ist als auch enorme Design-Möglichkeiten bietet. Das ist eine Hightech-, Hochdesign- und Low-Cost-Lösung.«

Designer-Food zaubert derweil der Chicagoer Koch Homaro Cantu aus einem marktüblichen Tintenstrahldrucker hervor. In seinem Restaurant Moto[51] kreiert er ein »Ink-Jet-Sushi«, indem er die Tintenpatronen mit Sojasauce füllt und diese auf Esspapier aus Maisstärke versprüht, mit der normalerweise Torten beschriftet werden. Echte dreidimensionale Sushi entstehen bei dieser RP-light-Variante zwar nicht. Dafür aber schneidet Cantu die Erzeugnisse hübsch in der Form von Algen, Kaviar oder Fischen aus und bestreicht die Rückseite noch mit etwas Aromapulver. Bis zu 250 US-Dollar zahlen seine Kunden für ein so kreiertes Festmahl.[52]

Pioniere im Rapid-Design sind zudem die finnischen Künstler Janne Kyttanen und Jiri Evenhuis, die in Amsterdam die Firma Freedom of Creation (www.freedomofcreation.com) gegründet haben. Ihr Ziel ist es, die bestehende Kluft zwischen Industriedesignern, Künstlern und Konsumenten im Bereich Rapid Manufacturing zu überbrücken.[53] Sie arbeiten vor allem mit der Stereolithographie und dem Laser-Sintern und produzieren damit ausgefallene Lampen, Sitzobjekte und teilweise an Bienenwaben erinnernden Zimmerschmuck. Die frühe Einbeziehung von CAD in den Designprozess erlaubt es den beiden Pionieren, beispielsweise den Verlauf von Schatten und Lichtmustern vorauszuberechnen und in ihre Objekte gezielt einzuplanen. Darüber hinaus experimentieren die Finnen auch mit der Rapid-Erzeugung von Kleidungsstücken.

Freedom of Creation und A-POC gehören zu den am meisten beachteten Versuchen, die industrielle Technik langsam in den Verbrauchersektor zu transportieren. Noch geht es dabei eher um den Luxus-Bereich; man will die Konsumenten, die nicht mit der Technik um der Technik willen zu ködern sind, mit dem Mehrwert einer Maßanfertigung oder individuellen Anpassung sowie dem Einzelstückcharakter eines Produkts verlocken. Ganz in diesem Sinne sah Brock Hinzmann bereits 1996 eine der wichtigsten Verwendungsmöglichkeiten für Rapid-Technologien im großen Consumer-Markt bei Gegenständen mit einem gewissen »Reiz des Neuen«.[54] Ausgefallene Geschenke, extravagant geformter Dekorationsschmuck, persönliche Erinnerungs- oder limitierte Sammlerstücke könnten einen besonderen Wert entfalten, wenn sie womöglich noch von eigener Hand am Computer entworfen und einzeln angefertigt werden.

Auch bei Spielsachen dürften Hersteller mithilfe von Rapid Manufacturing punkten. Echten Fans von Marken-Games oder Filmfiguren würde es sicher großes Vergnügen bereiten, ihre verehrten Idole selbst nachzubilden. Schon heute gibt es Webangebote wie Herobuilders.com, die eine Customization und individuelle Gestaltung von Spielfiguren wie Jesus, John Kerry, George W. Bush oder Osama bin Laden online erlauben. Hersteller und Inhalteanbieter könnten Lizenzen für den Download von STL-Dateien zum Anfertigen entsprechender Gimmicks verkaufen.

Theoretisch sind inzwischen auch zahlreiche Gegenstände im Haushalt

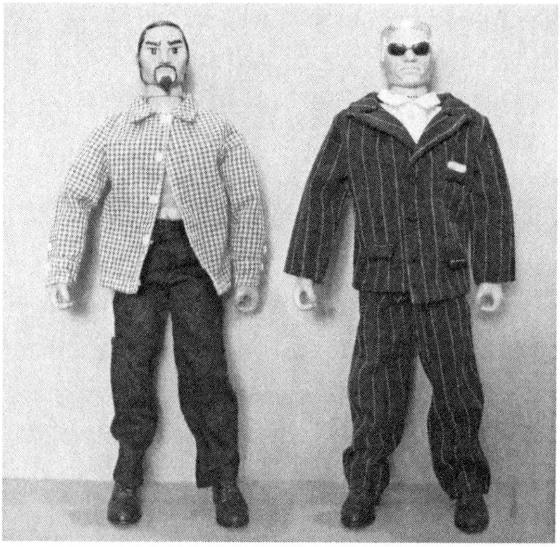

Action-Helden »on demand«: Haut-, Haar- und Augenfarbe sowie Kleidung frei wählbar

»fit to fab«, wie Fabber-Protagonist Marshall Burns es ausdrückt. Küchenutensilien, Werkzeuge und die Lieblings-Gadgets von Hausfrau und -mann wären besser und ergonomischer zu nutzen, wenn Griffe oder Größen personalisiert werden könnten. Ganzer Stolz von Gastgebern dürfte zudem das garantiert als Einzelanfertigung gefabbte Ess-Service sein. Und sollte im Haushalt irgendetwas einmal zu Bruch gehen, zaubert der Fabrikator ein neues Teil hervor. Unbrauchbare oder defekte Teile wegzuschmeißen, ist nicht mehr nötig. Dabei macht sich der Ersatzteilgenerator natürlich vor allem beim Auto bezahlt, denn wer weiß nicht aus leidvoller Erfahrung, wie teuer in der Regel selbst kleinste Ersatzteile hier kommen.

Der Verbrauchermarkt lockt also, was auch klassische IT-Größen im Enterprise- und Konsumentengeschäft erkannt zu haben scheinen. Hewlett Packard etwa bemüht sich verstärkt um Patente im Sektor der RP-bezogenen Technologien. Die bereits veröffentlichten Applikationsbeschreibungen des Computer- und Druckergiganten basieren alle auf 3D-Printing. Konkret geht es beispielsweise um eine Methode zum Fabrizieren mehrfarbiger Objekte und ein verbessertes System zum Entfernen von Fertigungspulver.[55] Damit versucht das Unternehmen, seine Kompetenzen in der 2D-Druckerarena auf das zukunftsträchtige Feld zu übertragen. Auch künftige Schritte von Konzernen wie Sony zur Erschließung des Rapid-Marktes werden mit Spannung beobachtet.

Die Fachwelt auf sich aufmerksam machte 2004 auch der amerikanische Tüftler Jim Lewis. Mit seiner Firma Micrologic hat er einen Online-Bestellservice für gefabbte Fertigungsteile aufgebaut. Über die Site eMachineShop.com können Interessierte nicht nur dank einer sogar kostenlos nutzbaren CAD-Software eigene Designvorlagen erstellen. Diese werden darüber hinaus per Knopfdruck über das Internet auch an ein RP-Service-Center geleitet, dort fabriziert und per Post an den Kunden zurückgeschickt. Ganz ohne Werbung hat Lewis nach eigenen Angaben innerhalb weniger Monate bereits über 1000 Bestellungen unter anderem für Türschilder, Motorradsitze, Roboterhüllen, Motorhauben oder Kamerateile abgearbeitet. Preislich kann die Individualanfertigung zwar nicht mit den Kampfangeboten großer Baumärkte mithalten, doch die fertigen auch nicht zehn Kupfertürgriffe nach den persönlichen Vorstellungen einzelner Kunden, wobei diese beim eMachineShop für solche Aufträge auch nicht mehr als rund 150 US-Dollar bezahlen müssen. Lewis' Traum ist es, einmal eine Art Amazon.com im Fertigungssegment zu werden. Neben seinem sehr weit gefächerten Haupt-Online-Shop hat er daher vorsorglich mit Pad2Pad.com noch ein Spezialgeschäft im Web eröffnet, über das sich auch spezielle Elektronikteile anfertigen lassen. Das geht im Prinzip zwar mit bereits fertigen 3D-Dateien über Sites wie PCBExpress.com oder Barebonespcb.com auch, doch baut Pad2Pad überdies noch andere Komponenten wie elektronische Widerstände, Kondensatoren oder Chips mit den Platinen gleich zusammen.

Alle Buzzwords sind schon da: Mikro, Nano, Bio

Noch richten sich die Augen der Fachwelt aber weniger auf die Eroberung der Haushalte als vielmehr auf die Weiterentwicklung der Technik selbst. Kleine und größere Revolutionen kündigen sich immer wieder an, meist zuerst publik gemacht auf der RP-Mailingliste, dem Insider-Treff der RP-Community. Dort werden etwa verstärkte Bemühungen deutlich, Chips im Rapid-Verfahren »auszudrucken«. Nicht nur das Center for Bits and Atoms arbeitet daran. Auch der Printer- und Kopierergigant Xerox hat jüngst die Entwicklung einer hochperformanten, die Eigenschaften eines Halbleiters in sich tragenden Tinte an seinem Labor in Kanada bekannt gegeben. Sie soll genutzt werden können, um die Informationsübertragungskanäle von Transistoren bei niedrigen Temperaturen und an der offenen Luft im Printverfahren herzustellen.[56] Dies sind genau die Voraussetzungen für eine spätere kostengünstige Fertigungsmethode. Nach Angaben der Firma sollen die erforderlichen Bestandteile zum Fabrizieren von Plastik-Schaltkreisen damit nun vorhanden sein und bald kommerzialisiert werden.

Dass die Herstellung von Polymer-Chips im Druckverfahren funktioniert und durchaus zur Entwicklung marktfähiger Produkte taugt, zeigen übrigens schon heute Anwendungen in der Display-Technologie, also etwa Bildschirme für MP3-Player oder Handys. »Organische Leuchtdioden«, kurz OLEDs, lautet hier das Stichwort. Sie strahlen Licht aus, sobald sie mit elektrischer Spannung versorgt werden. Displays auf Basis dieser Technik hat Kodak zwar bereits 1982 präsentiert. Sie konnten allerdings nur recht kostspielig in einem Vakuumverfahren gleichsam auf ihre Träger aufgedampft werden. Dagegen hat Jeremy Burroughes im Rahmen seiner Doktorarbeit an der University of Cambridge 2004 OLEDs mithilfe langkettiger Polymere gefertigt, die wasserlöslich sind. Dank dieser Hilfestellung können Bildschirmhersteller nun eine Polymerflüssigkeit mixen und per 3D-Drucker aufsprühen. Das spart Kosten und funktioniert im Prinzip für alle Bildschirmgrößen. 2007 sollen ausreichend Spezialkunststoffe verfügbar sein, um in die Massenproduktion einsteigen zu können.[57] Erste Produkte mit einfachen Chips, die im Druckverfahren gebaut werden, stehen im Bereich der Produktsicherung und der Ortung von Gegenständen per RFID *(Radio Frequency Identification)* angeblich ebenfalls kurz vor der Marktreife.[58]

Aufhorchen lassen auch Meldungen wie die von Forschern am Boston College in Chestnut Hill, Massachusetts, denen es gelungen ist, eine Technik zur Züchtung mikroskopisch kleiner Strukturen auf winzigen biologischen Materialien zu entwickeln.[59] Dies könnte ermöglichen, Mikro-Gegenstände direkt in lebenden Zellen zu erzeugen. Mit dieser so genannten *Multiphoton-Absorption-Photopolymerisierung (MAP)* haben die Wissenschaftler bereits Strukturen gebaut, die tausendmal kleiner sind als der Durchmesser eines menschlichen Haares. Das eingesetzte Material ist ein Kunstharz ähnlich dem Plexiglas, das wie bei üblichen RP-Verfahren in den Fokuspunkt eines Lasers gehalten wird und sich bei dieser Lichtberührung in ein festes Polymer, also eine solide Molekülkette, verwandelt. MAP verweist damit auf eine nahe Zukunft, in der Mikromanipulatoren für Zellen oder sogar individuelle Proteine oder DNA-Moleküle, die letztlich alle auch »nur« Polymere sind, mit einem Rapid-Verfahren geschaffen werden können. Die frei formbaren Mini-3D-Bauteile haben zudem das Potenzial, in anderen Miniaturgeräten wie optischer Telekommunikationshardware und Glasfaserleitungen eingesetzt zu werden.

Mit MAP tut sich eine umfassende neue Produktionsmöglichkeit für die Biotechnologie auf. Die Natur demonstriert, wie elementare Aufbauprozesse extremen Formen- und Stoffreichtum gestatten. Die Vision geht nun in Richtung Bio-RP-Maschinen, die enzymatische Prozesse nutzen. Spinnt man die Idee weiter, lassen sich speziell programmierte Mikroorganismen und Insekten wie etwa Seidenraupen denken, die »wie ferngesteuert« über Nacht stoffliche Strukturen oder Gewebe erzeugen. Als Vorbild könnten die Produktionsarmeen von Insektenstaaten dienen, die Möglichkeit, zum Beispiel die perfekten Waben im Bienenstock nachzuzüchten, könnte ein Ergebnis sein. Ein Bild, das vermutlich schnell wieder Horrorszenarien von der Herrschaftsübernahme durch die Maschinen hochkommen lassen wird. Bislang scheinen indes auch noch keine Forschungsinstitute an entsprechenden Vorhaben zu arbeiten, allerdings soll es schon bald DNA-Sequencer und 3D-Protein-Reader im Desktop-Format geben.[60]

Knochen, Haut und Organe aus dem Drucker

Auch medizinische Anwendungen sind durch Rapid-Prototyping als Technik zur Erzeugung von Zellstrukturen vorstellbar und ein Schwerpunkt der öffentlichen Förderung, zumindest in den USA.[61] Hierzulande hat sich im Medizinsektor insbesondere das Center for Advanced European Studies and Research (Caesar)[62] in Bonn einen Namen gemacht. Dort entwickelt Hermann Seitz, Arbeitsgruppenleiter für Rapid-Prototyping-Verfahren, zusammen mit seinem Kollegen Carsten Tille und weiteren Mitarbeitern ein Verfahren, mit dem passgenaue Knochenstücke fabriziert werden können. Dabei wird eine Splitter- oder Bruchverletzung zunächst per Computertomografie (CT) aufgenommen. Nach der genauen Vermessung der Lücke wandelt ein CAD-Programm die zweidimensionalen Bilder in eine dreidimensionale Figur um. Diese wird mit keramischem Pulver, das aus der gleichen Substanz besteht wie ein Knochen, und Bindeflüssigkeit im 3D-Drucker produziert. Der Clou dabei: Die Forscher wollen künftig die keramischen Implantate mit Knochenzellen besiedeln, die aus adulten Stammzellen gewonnen werden. Sie sollen durch die Poren der Keramik bis ins Innere des menschlichen Körpers dringen und dort – wenn alles nach Plan läuft – aktiv werden, sodass das Implantat rascher mit dem anliegenden natürlichen Knochen verwachsen kann.

An einem vergleichbaren Verfahren tüftelt Brian Derby, Professor für Materialwissenschaft an der University of Manchester.[63] Er hat einen Mechanismus entwickelt, mit dem Körperzellen eines Patienten in einer nährstoffreichen Flüssigkeit verteilt werden. Diese dient als »Tinte« für seinen speziellen 3D-Drucker. Der versprüht in zehn Mikrometer dünnen Schichten zudem ein Polymer und eine dritte Substanz, die das Zellwachstum steuern soll. Der aushärtende Spezialkunststoff sorgt wie bei den gängigen Rapid-Verfahren für die nötige Stabilität. Als großen Vorteil des Verfahrens betrachtet Brian Derby die Möglichkeit, mit der Tintenstrahl-Technologie die Zellen direkt beim Aufbau der gewünschten Strukturen ins Innere der Konstruktion zu bringen. Der Brite sieht daher ein gewaltiges Potenzial für seine Methodik: »Vielleicht können wir einmal mit dem passenden Gerüst ein ganzes Organ ausdrucken.«[64]

Nano-Assembler

Neben der Biotechnologie ist es insbesondere die Nanotechnologie, die Rapid-Prototyping völlig neue Horizonte eröffnen könnte. Eric Drexler, einer der wichtigsten Protagonisten der Vision vom *Molecular Manufacturing*, hat bereits in seinem 1992 erschienenen Band *Nanosystems*[65] eine Nanomaschine vorgestellt, die letztlich heutigen RP-Systemen nicht ganz unähnlich ist. Die Baumaterialien bestehen aus Kohlen- oder Stickstoff sowie organischen Molekülen und werden dem Nano-Assembler in einer Lösung zugeführt. Das Herz der Maschine schwimmt ebenfalls in einer solchen Flüssigkeit und ist außen mit nur zehn Nanometer großen Schaufelrädern bestückt, die Werkstoffe ins Innere transportieren. Dort werden sie von »Förderbändern« aufgegriffen, chemisch verändert und an beweglichen Roboterarmen abgeladen. Die Greifwerkzeuge beschreibt Drexler als vieratomig und etwa hundert Nanometer groß. Ihre Spitze bugsiert ein Molekül zur eigentlichen Baustelle, wo es mit anderen Atomen oder Molekülen zu festen, letztlich in einem CAD-Programm entworfenen Strukturen verschmilzt. Als Beispiele nennt Eric Drexler zunächst Kugellager, Stützbalken oder weitere Förderbänder – alles im übertragenen Sinn auf der Nano-Ebene betrachtet. Skeptiker geben allerdings zu bedenken, dass er bislang keinen Weg zeigt, wie die Assembler selbst gebaut werden sollen. Mit den heutigen Werkzeugen aus Atomen jedenfalls sei dies absolut nicht möglich.[66]

Während derlei Beschreibungen vom Großteil der Forschergemeinde als »Spinnereien« abgetan werden, erscheint die Nanotechnik trotzdem gleichzeitig vielen Rapid-Prototyping-Experten als zunehmend interessant. Im Vordergrund steht dabei die Forschung zu und Entwicklung von neuen Rohstoffen für klassische RP-Maschinen und -Verfahren. Erst langsam entwickelt sich allerdings ein Verständnis dafür, wie Materialien auf der Nano-Ebene miteinander reagieren und welche Möglichkeiten sich daraus ableiten lassen. 3D Systems rühmt sich allerdings bereits, ein Stereolithgraphie-Harz einzusetzen, das ein Produkt der Nanotechnologie ist. Der Hightech-Werkstoff mit der Bezeichnung *BlueStone* enthält nach Firmenangaben zumindest keramische Partikel, die Abmessungen im Bereich weniger hundert Nanometer

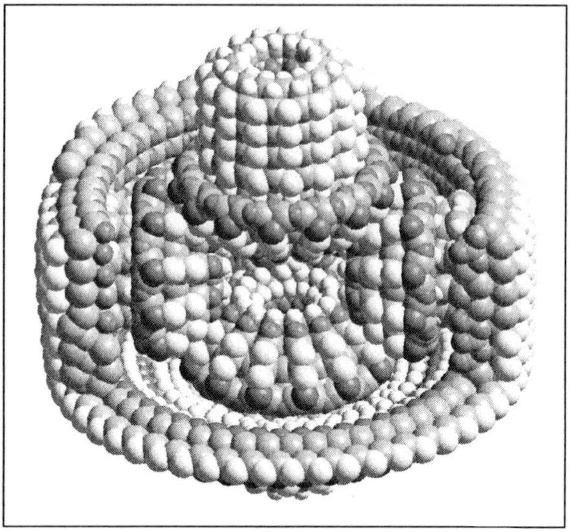

Teil der Kupplung einer Nano-Maschine (Vision des Institute for Molecular Manufacturing)

haben und dem Kunststoff nach dem Aushärten zu einer besonders hohen Festigkeit und Elastizität verhelfen sollen. Grund: Die zugefügten Teilchen sind transparent für das eingesetzte Laserlicht und streuen es nur mäßig beim Belichten, was die Abbildungsgenauigkeit fördert. Gleichzeitig sind die Partikel so leicht, dass sie im Harz gleichsam schweben und daher nicht zu unerwünschten Entmischungen durch Schwerkrafteinwirkung tendieren. Bauteile, die mit *BlueStone* gefertigt werden, eignen sich laut 3D Systems sehr gut für Windkanalmodelle.[67]

Auf der Suche nach geeigneten Fertigungstechnologien für die Mikro- und Nano-Maschinen der Zukunft wird zudem die *Nanoimprint Lithography* (NIL)[68], eine Abwandlung des *Electron Beam Melting*-Verfahrens, als wichtiger Meilenstein betrachtet. NIL umfasst bereits eine ganze Bandbreite an Methoden, mit denen ultrakleine Muster und Strukturen einer Oberfläche aufgedrückt werden. Es könnte sich als eine kostengünstige Alternative zu den photolithographischen Prozessen erweisen, die momentan benutzt werden, um die winzigen Leitungskanäle für *Micro-Electro-Mechanical Systems* (MEMS)[69] oder andere komplexe Computerbauteile und Chips auszuhöhlen. Pioniere in diesem Bereich sind unter anderem das texanische Startup Molecular Imprints (www.molecularimprints.com) sowie die vom Princeton-Professor Stephen Chou gegründete und in New Jersey angesiedelte Firma Nanonex (www.nanonex.com). Um »fabbed things« ein intelligentes Innenleben einzuhauchen, sind preiswerte Verfahren dieser Art unerlässlich.

Die Gedankenspiele gehen aber noch weiter: Wenn es gelänge, Atom-Laser in Analogie zu Photonen-Lasern zu bauen, wäre auf elegante Weise eine echte materielle Replikation möglich. Sie wäre der »Effekt« einer Holographie eines solchen Atom-Lasers: ein echtes Objekt würde aus »echten Atomen« gefertigt. Geforscht wird in diesen Bereichen unter anderem am Garchinger Max-Planck-Institut für Quantenoptik (www.mpq.mpg.de) sowie an der University of Arizona in Tucson (www.arizona.edu).[70]

Robotik und Rapid Prototyping

Die Robotik ist in verschiedener Hinsicht relevant für RP/RM. Zum einen sind robotische Systeme denkbar, die durch eine raffinierte Kombination von RP-Verfahren überhaupt erst die Option bieten, bestimmte stofflich komplex zusammengesetzte Güter herzustellen. Ansätze dazu bestehen beim Contour Crafting. Nach dem Erfolgsprinzip der Insektenstaaten und Tierschwärme wäre zudem an die Güterproduktion mit einfachen, insektenartigen Mikrorobotern zu denken (Schwarmintelligenz). Zum anderen erscheint Rapid Prototyping als Fortpflanzungstechnologie der Roboter, also als die Möglichkeit von Maschinen, sich selbst zu reproduzieren *(Auto-Reproduktive Robotik)*. Außerdem könnten sie sich so bei Bedarf zu funktional und gestaltlich anderen Typen umbauen. An Forschungsexperimenten, die zumindest annähernd in diese Bereiche gehen, mangelt es nicht.[71]

RP für die Homeland Security

Im staatlich geförderten Forschungsbereich eines konkreteren Sektors sind seit dem 11. September RP-Techniken nicht nur für die bereits skizzierte militärische Nutzung, sondern auch für die innere Sicherheit im Kommen. So sind im Etat des Homeland Security Departments der US-Regierung für 2005, den der Senat im Juni 2004 gebilligt hat, 75 Millionen US-Dollar für Rapid Prototyping enthalten.[72] Welchen genauen Forschungszielen das Geld dienen soll, ist bislang jedoch noch das Geheimnis des Ministeriums.[73] Vermutlich geht es vor allem um die rasche Erstellung von Modellen, wie sie auch der US-Konzern Boeing in diesem Zusammenhang anbietet.[74]

Barrieren für weiteres Wachstum

An erheblichen Barrieren für eine hohe Marktpenetration der RP-Techniken mangelt es weder im professionellen Industrie- noch im potenziellen Endkundensegment. Es geht dabei auch, aber nicht nur, um den hohen Preis von Geräten und Materialien, die Lebensdauer und Qualität der fabrizierten Güter sowie um die Dauer des Herstellungsprozesses. Gerade bei den Rohstoffen ist derzeit nur ein schmales Spektrum einsetzbar, das zudem in vielen Fällen nicht den gewünschten Eigenschaften entspricht. Beim gegenwärtigen Stand der Technik scheinen die meisten Produkte in Hinsicht auf das Material auch noch zu komplex, um in 3D-Druckern hergestellt werden zu können. In diesem Zusammenhang werden außerdem Fragen der Produkthaftung evident, für den Fall, dass es beim Gebrauch der gedruckten Produkte zu Problemen, Unfällen etc. kommt. Hier die wichtigsten Stolpersteine der Marktentwicklung im Überblick:

Schwächen der RP-Systeme

Geschwindigkeit

Selbst die schnellsten RP-Maschinen können bislang beim eigentlichen Produktionsprozess nicht mit traditionellen Hochgeschwindigkeitsfräsen mithalten. Die Anfertigung dauert Stunden und Tage, während im Fabrikalltag Sekunden und Minuten bei der Fertigung zählen. Nur wenn der gesamte Produktionszyklus vom Design über das Sampling bis zum Maschineneinsatz als Rechengröße veranschlagt wird, zeigen sich die Potenziale von Rapid Prototyping. Auch die Spezialisierung einer RP-Maschine auf eine einzelne bestimmte Applikation kann Tempo machen. Trotzdem sind sich Industriebeobachter einig, dass der mittelfristige Erfolg der Technik von einer deutlichen Verkürzung der konkreten Fertigungszeiten abhängt.[75]

Qualität der Fabrikate

Die Oberflächengenauigkeit und die Formvollendung vieler Objekte, die in RP-Verfahren hergestellt werden, ist in der Regel noch nicht auf dem Stand der Ergebnisqualität, die sich mit konventionellen Fertigungsmaschinen erzielen lässt. Ohne eine manuelle Bearbeitung sind die RP-Bauteile höchstens an unmittelbar nicht sichtbaren Stellen zu verwenden, wie beispielsweise unter einer Kühlerhaube. Zudem müssen bei der Stereolithograpie, beim Fused Deposition Modeling und beim Laser-Sintern Stützgerüste oder Pulverüberreste nachträglich entfernt werden, was zusätzliche Zeit und menschliche Arbeitskraft kostet. Allerdings hat die RP-Industrie in jüngster Zeit Erfolge zu verzeichnen und verbessert die Maßgenauigkeit kontinuierlich. So kommt ein aktueller Vergleich von CNC-gefrästen und per Rapid Molding hergestellten Blechgussformen zu dem Ergebnis, dass bei den alternativ erzeugten Bauteilen die Qualität »nahezu identisch« ist mit der von konventionell hergestellten Fabrikaten. Der einzige sichtbare Unterschied seien »lokale Inhomogenitäten«, die aber nicht sonderlich ins Gewicht fallen würden.[76]

Objektgröße

Gängige RP-Maschinen haben eine sehr begrenzte Arbeitsfläche, speziell wenn sie im Bürobereich eingesetzt werden sollen. Dementsprechend können sie auch nur Objekte einer begrenzten Größe produzieren. Für die Anfertigung großer Bauteile, wie sie etwa in der Luftfahrtindustrie gefragt sind, gibt es nur wenige Verfahren. Zudem wird der Zeitfaktor immer bedeutender, je größer ein zu fertigender Gegenstand ist. Eine Werkzeugkiste zu fabrizieren kann länger dauern als die Produktion hunderter kleinerer Gehörhilfen, so ein Beispiel der Analysten Todd Grimm und Terry Wohlers.[77]

Kosten

Die Anschaffungs- und Unterhaltungskosten hochwertiger RP-Systeme sind für viele Unternehmen unerschwinglich – vom Heimanwender ganz zu schweigen. Im Gegensatz etwa zu Chips oder Computern sind die Preise gerade in der Oberklasse der RP-Geräte auf gleich hohem Niveau geblieben. Schuld daran ist deren Komplexität, die verhindert, dass Wirtschaftlichkeitseffekte greifen wie das bekannte Mooresche Gesetz bei der Halbleiterfertigung. Es besagt, dass die Preise von Chips sich ungefähr alle achtzehn Monate halbieren, während sich die Leistungsfähigkeit gleichzeitig verdoppelt. Doch während die Silikonbauteile nur sehr beschränkte Aufgaben zu erfüllen haben, ist eine derartige Spezifizität bei RP-Maschinen nicht gegeben. Es ist aber zu erwarten, dass die Nachfrage nach den Fertigungssystemen steigt und damit die Verkaufspreise sinken können, sobald RP weniger für Rapid Prototyping und mehr für Rapid Production steht. Abhilfe könnte auch der *Self Replicating Rapid Prototyper* bringen, den Adrian Bowyer momentan an der University of Bath in Großbritannien serienreif machen will. Der *RepRap* soll Kopien nicht nur anderer Objekte, sondern von sich selbst erstellen können und so die Kosten für einen 3D-Drucker auf unter 500 US-Dollar drücken. Sparen will Adrian Bowyer vor allem auch am Laser, der normalerweise die Rohstoffe verschmilzt. Der Brite will dagegen ein spezielles Metallpulvergemisch verwenden, das sich schon bei geringerer Erhitzung mit anderen Stoffen zusammenschweißen lässt.[78]

Materialschwächen

Die Bandbreite der zum Fabben geeigneten Materialien ist mit der weiten Auswahl an thermoplastischen Kunststoffen und Metallen, die routinemäßig bei der traditionellen Produktion eingesetzt werden, noch lange nicht vergleichbar. Häufig gelingt es nicht, für eine Applikation einen Rohstoff zu finden, der den gewünschten Produkteigenschaften genau entspricht. Andererseits ermöglicht Rapid Prototyping die Verwendung spezieller Kunststoffe mit veränderbaren Eigenschaften wie Photopolymere, was einen klaren Mehrwert gegenüber der konventionellen Fertigung darstellt. Auch können Kunststoffe und beispielsweise Metallpartikel gemischt werden, was zu ganz neuen Funktionen führen kann. Besonders gespannt ist die RP-Gemeinde hier auf die Entwicklung von Materialien auf Nano-Ebene. Was den Heimgebrauch von Fabbern angeht, so ist darauf zu achten, dass die Rohstoffe hautverträglich sind und keine allergischen Reaktionen auslösen. Über die potenzielle Giftigkeit mancher RP-Materialien ist noch wenig bekannt. Allgemein sehen Experten hier wenig Probleme, immerhin aber werden in der industriellen Fertigung im Umgang mit Photopolymeren häufig Handschuhe getragen. Zudem erfordern einzelne RP-Prozesse die Entlüftung giftiger Dämpfe. Bei Pulvermethoden ist ferner noch nicht klar, ob das Einatmen der Partikel auf die Dauer Schäden verursachen kann.[79]

Rechtliche Probleme

Im Zusammenhang mit Rechtsfragen stehen an vorderster Front Copyright-Probleme: Angesichts der immer weiteren Verbreitung der RP-Technik stellt sich die Frage, inwieweit es zu Urheberrechtsstreitigkeiten ähnlich wie in der Musik- oder Filmindustrie kommen kann. Die Designer der zum Fabben benötigten STL-Dateien oder entsprechende Rechteverwerter könnten bald damit konfrontiert sein, dass die 3D-Baupläne in Online-Tauschbörsen auftauchen und illegal kopiert werden. Dies wäre für die Fabbing-Industrie besonders prekär, da ihre Dateien einen deutlich höheren Wert haben als Musikstücke oder Filmkopien. Eine allgemeine Lösung für den Urheberrechtsschutz im digitalen Raum zeichnet sich nach wie vor nicht ab; sowohl rechtliche als auch technische Schutzvorrichtungen wie Systeme zum Digital Right Management (DRM) konnten dem Boom der Peer-2-Peer-Börsen (P2P) bisher wenig entgegensetzen. Designer sollten daher ihre Einnahmeberechnungen nicht allein auf die reinen Verkaufserlöse ihrer 3D-Blaupausen stützen, sondern etwa auch an den Servicebereich denken.

Unternehmensinterne Hürden und allgemeine Skepsis

Gewohnheiten und lange etablierte Traditionen spielen auch bei industriellen Fertigungsprozessen eine wichtige Rolle. Die komplette Umrüstung teuer gekaufter Fabrikanlagen wird kein Unternehmer vorantreiben, solange ihm der Einsatz der neuen RP-Technik nicht spürbare Gewinne verheißt. Das Denken in alten Konzeptionen verhindert aber oft selbst dann das Umsatteln auf ungewohnte Verfahren, wenn sich diese als profitabel herausstellen könnten. Im Verbraucherbereich ist eine nicht näher begründete Skepsis gegenüber neuen Technologien häufig noch größer, zumal unter den RP-Kritikern Stimmen bekannte Größen wie der Software-Entwickler Bill Joy zu finden sind, deren Befürchtungen über die Medien weit verbreitet werden. Studien von Verbraucherschutzbehörden oder Technikfolgenabschätzern könnten hier entgegenwirken.

Als ideales Feld für Rapid-Prototyping-Verfahren erweist sich insgesamt die Herstellung von Objekten, die nicht in hoher Stückzahl, dafür aber in möglichst individueller Ausfertigung vorliegen sollen.

Szenarien der Marktentwicklung

Nachdem wir die Technik erklärt, den Markt abgesteckt und Anwendungsmöglichkeiten entworfen haben, ist es an der Zeit, einen Blick in die Glaskugel werfen. Wie wird sich die Zukunft der Rapid-Technologien gestalten? Wie wahrscheinlich ist die Entwicklung vom Rapid Prototyping zum Personal Fabricator? Grundsätzlich sind drei Kern-Szenarien denkbar, die wiederum in unterschiedlichen Varianten adaptiert werden können.

Das Industrie-Szenario

In diesem Ausblick bleiben Rapid-Techniken auf die industrielle Anwendung beschränkt. So wie heute niemand auf die Idee kommen würde, etwa ein Fabrikfließband zu Hause zu installieren, werden sich auch RP-Maschinen keinen Platz im digitalen Heim der Zukunft erobern. Stattdessen werden die Hersteller auf der einen Seite die Techniken und Prozesse der RP-Systeme immer weiter verfeinern und verstärkt für die Fertigung qualitativ hochwertiger Endprodukte hochrüsten. Da dafür jedoch nach wie vor weite Sprünge bei der Verbesserung der Verfahren und Materialien notwendig sind, bleibt in diesem High-End-Bereich kein Raum für Kostensenkungen. Nur Konzerne werden weiterhin in der Lage sein, die teuren Fabrikanlagen zu erwerben. Gleichzeitig werden Low-End-Systeme wie 3D-Drucker allerdings langsam günstiger. Für Ingenieur- und Architekturbüros sowie Medizinlabors bieten sich somit erschwingliche Alternativen, die allerdings nicht an die Genauigkeit der teuren RP-Boliden heranreichen. Reines Virtual Prototyping wird sich nicht durchsetzen, das Verlangen nach dem haptischen Moment in der industriellen Fertigung stark bleiben.

Das Kinko-Szenario

Dieses Modell trägt seinen Namen nach der riesigen Copyshop-Kette in den USA. Die Kinko-Shops bieten schon heute eine Reihe von Dienstleistungen, die vom einfachen Kopieren über die Nutzung von Computern für Fachanwendungen bis zum Ausdrucken von digitalen Dateien reicht. Nichts liegt also gedanklich näher, als dass die McDonald's im Kopier- und Printing-Business künftig auch 3D-Drucker bereithalten und das Fabrizieren von Bau- und Werkteilen – eventuell nach vor Ort verfügbaren Datei-Vorlagen – zu einem relativ niedrigen Preis erlauben. An 3D-Scannern können Kunden zudem Gegenstände einlesen lassen, im CAD-Programm am gemieteten Rechner verändern und auf den RP-Systemen ausdrucken. Natürlich steht es ihnen auch frei, eigene STL-Dateien mitzubringen und im Laden zu materialisieren.

Das Kinko-Szenario gliedert sich in mehrere Untergruppen auf. Von Produktqualität und Preis her gesehen liegen die *Points of Fab (POFs)* am niedrigsten. Sie sehen in etwa aus wie heutige multimediale Informations-Kiosksysteme bzw. *Points of Information (POIs)*, Geldautomaten oder Telefonzellen und sind wie diese über den gesamten städtischen Raum verteilt. Der Verbraucher benutzt den POF als »virtuelles Kaufhaus in a Box« mit realem Output: Wie in einem E-Commerce-Portal sucht er das passende Produkt aus einem vorgegebenen Sortiment fabbarer Gegenstände aus oder nimmt kundenindividuelle Anpassungen vor. Je nach Warentyp kann man die Ware sofort mitnehmen oder man »versendet« den Auftrag an einen anderen POF, an dem man später noch vorbeikommt. Alternativ ist vorstellbar, dass man den Fab-Befehl vom heimischen Rechner, vom Mobiltelefon oder PDA aus startet und das erwünschte Teil dann an einem ausgesuchten POF abholt. Ähnlich wie bei zentralen Lagerstätten für die Abholung von online bestellten Shopping-Artikeln werden die Fabrikate auch beim POF in einzelnen Schließfächern parat gehalten, die sich nur mit einem individuellen Code oder über ein Biometriesystem öffnen lassen.

Verständlicherweise kommen bei einem POF – schon allein aus Vandalismus-Vorsorge – nicht die teuersten Stereolithographie-Geräte zum Einsatz. Auch im Fab-bereiten Copyshop finden sich eher preisgünstige Inkjet-Systeme, keine Highend-Geräte. Wer Wert legt auf ein oberflächengenaues und weitgehend makelloses Bauteil, Werkzeug oder Endprodukt, muss sich an professionelle *Fab-Center* oder *Technofakturen* mit so genannten *Local Units of Fabrication (LUFs)* wenden. Dahinter verbergen sich RP-Systeme der höchsten Qualitätsstufe, also vor allem Stereolithographie-Maschinen. Sie sind am ehesten mit den bereits heute verfügbaren Service-Centern zu vergleichen und bieten eine große Produktpalette samt Beratung. Für diverse Einzelhandelsketten bietet es sich auch an, LUFs in das eigene Ladenkonzept zu integrieren, insbesondere bei der Vermarktung individuell angepasster Produkte. Der persönliche Laufschuh etwa wird dann gleich beim Kauf vor Ort fabriziert; der Kunde kann ihn nach kurzer Zeit mitnehmen.

Alle diese unter dem Kinko-Szenario zusammengefassten Modelle gehen davon aus, dass sich mit dem Fortschreiten der RP-Technik ein indirekter Verbrauchermarkt für das Fabbing entwickelt.

Das Heim-Szenario

Erst bei dieser Vision kommt der eigentliche Personal Fabricator zum Zuge. Allerdings handelt es sich auch um das gewagteste Szenario, über das Brock Hinzmann in seinem frühen Aufsatz über den PF schreibt: »Es geht davon aus, dass die Kosten, die Bedienungsfreundlichkeit und die nachgeordneten Infrastrukturen der heutigen RP-Maschinen sich bis zu einem Punkt hin entwickeln, an dem der durchschnittliche Verbraucher ein solches Gerät für den Heimgebrauch will, es sich leisten und es so bedienen kann, dass es eine persönliche Fabrik darstellt und sämtliche physikalischen 3D-Strukturen fabrizieren kann.« Zahlreiche Bedingungen – synergetische Techniken, Versorgungswege und Marktfaktoren insbesondere – müssen dafür zusammenkommen, was nach Ansicht der meisten Experten frühestens in zwanzig Jahren der Fall sein wird. So ist es beispielsweise mit der Anschaffung eines Fabbers und der dazugehörigen Materialien nicht getan. Um den vollen Nutzen aus dem Investitionsgut zu ziehen, wird neben einem leistungsstarken Rechner unter anderem ein 3D-Scanner benötigt. Auch dabei handelt es sich momentan noch keineswegs um ein Konsumgut, und es ist nicht absehbar, ob sich die Technik überhaupt entsprechend entwickelt.

Zudem könnte sich bei aller theoretischen Wünschbarkeit eines PF der praktische Nutzen doch als relativ begrenzt herausstellen. Soviel kann im Haushalt gar nicht zu Bruch gehen, als dass man einen Fabber tatsächlich sinnvoll einsetzen könnte, unken Skeptiker. Und die im Haushalt allen Individualisierungsansätzen zum Trotz auch künftig zum Einsatz kommenden Massenartikel könne man im Super- oder Heimwerkermarkt um die Ecke immer billiger kaufen, als sie zu Hause anzufertigen. Was von den Gegnern des Heimszenarios allerdings dabei nicht berücksichtigt wird, ist der Spieltrieb und die kreative Schaffensfreude der Menschen.

Zum Abschluss dieses Kapitels hier die unterschiedlichen Nutzen- und Anwendungsdarstellungen der einzelnen Szenarien im Überblick:

Individualitätsnutzen / **Anwendungsbereich**	**Nutzengruppe: Technik Produktindividualität**	**Nutzengruppe: Person Personenindividualität**
Heim / Haushalt	geringere Produktionsqualität geringes Materialspektrum kleine Objekte (Ersatzteile, Reparaturen, kleine Dinge)	Personalisierung von Accessoires (Vanity Fabbing, Fun Fabbing)
Points of Fab (POFs)	mittlere Produktionsqualität mittleres Materialspektrum mittelgroße Objekte (Drogerieartikel, Ersatzteile, Reparaturen, Figuren, Kopien)	Self Customization diverser Waren entsprechend Stil und Geschmack
Fab-Center / -Shops, LUFs, Technofakturen	hohe Produktionsqualität breites Materialspektrum auch große Objekte (hochspezialisierte LUFs für bestimmte Branchen) (Kleinmöbel, Möbel, Antiquitäten-Reproduktion)	Self Customization von Warenensembles, Wohneinrichtungen, Badearmaturen, PC + Peripherie (»make it my style«)

Zusammenstellung von Nutzen und Anwendungsgebieten von Fabbern

Das Umfeld: Leittrends in Wirtschaft und Gesellschaft

Einige aktuelle Prozesse in Wirtschaft und Gesellschaft dürften die Evolution der Rapid-Technologien beschleunigen. In der Geschäftswelt herrscht seit langem das Bestreben, Kosten durch Automatisierung und die Verkürzung von Produktentwicklungs- und Innovationszyklen *(Time to Market)* zu reduzieren. Diese Leittrends wiederum führen zu einem erhöhten Kommunikationsbedarf innerhalb der Firma und ihren eventuellen Ablegern einerseits sowie

> Das erste VW-Golf-Modell brauchte noch fünf Jahre bis zur Marktreife, heutige Serien müssen in zweieinhalb Jahren fertig entwickelt sein. [...] Weil gleichzeitig die Anzahl der Golf-Versionen zunimmt, müssen mehr Spezialteile und damit mehr Werkzeuge hergestellt werden – aber in kleineren Stückzahlen. Mit herkömmlichen Herstellungsmethoden würden hier die Kosten drastisch steigen. Dank Rapid Manufacturing ... könnten die Durchlaufzeiten bis zu einem fertigen Werkzeug auf acht Wochen halbiert und die Gesamtkosten um ein Viertel gesenkt werden, sagt Volker Kügler vom Chemnitzer Fraunhofer-Institut für Werkzeugmaschinen und Umformtechnik.
>
> *Niels Boeing (Wissenschaftsautor)*

mit Zulieferern und Businesspartnern andererseits. Angesichts des parallelen Megatrends der Vernetzung von Kommunikationssträngen durch das Internet spielt dabei der Ort der mitarbeitenden Teams nicht mehr in jedem Fall die

Hauptrolle. Es werden »virtuelle Unternehmen« möglich, also lose Netzwerke kooperierender, aber letztlich eigenständiger Firmen oder Arbeitsgruppen. Produktivitätsgewinne lassen sich darin insbesondere dann realisieren, wenn die einzelnen Teams in komplett unterschiedlichen Zeitzonen ans Werk gehen und schichtweise Hand in Hand arbeiten können. Das ultimative, sich in diesen Trends widerspiegelnde Ziel ist es, wettbewerbsfähigere Produkte mit höherer Qualität in kürzerer Zeit einzuführen – und das alles zu niedrigeren Preisen.

Ein entscheidender Leittrend in der Gesellschaft ist gleichzeitig die fortschreitende Individualisierung. Der Verbraucher von heute nutzt die ihn umgebende Produktwelt, um sich selbst zu inszenieren. Er schafft sich über das Image der von ihm erworbenen Waren ein Bild von sich selbst. Dementsprechend verlangt er nach individualisierten Gütern, die nach seinen persönlichen Bedürfnissen gestaltet sind. Nur damit gelingt es ihm spielend, sich gegenüber der Masse abzusetzen.

Mass Customization ...

Die Industrie hat die Zeichen der Zeit erkannt: Nach der Qualitätsbewegung der siebziger und dem Variantenmanagement der achtziger Jahre traten erste Personalisierungsbestrebungen auf den Plan: klassische Differenzierungsstrategien werden im »Hyper-Wettbewerb« durch kundenindividuelle Massenproduktion alias *Mass Customization (MC)* erweitert. Mass Customization bedeutet, Güter und Leistungen zu erstellen, welche die Wünsche jedes einzelnen Kunden treffen – und dies mit Massenproduktions-Effizienz. Die Entwicklung, Bereitstellung und der Vertrieb von Gütern und Leistungen in großem Ausmaß werden durch die entsprechenden Angebote an *Leistungspotenzialen* ersetzt, die in eine kundenspezifische Problemlösung überführt werden. Eine solche Leistung kann jedoch nur dann erbracht werden, wenn der Nachfrager vor Beginn der Leistungserstellung in *direkter Interaktion* mit dem Hersteller Informationen über die von ihm gewünschten Produktmerkmale bereitstellt.

Damit kommt es zu einer Integration des Kunden in den Prozess der Leistungserstellung.

Diese Einbeziehung des Verbrauchers kann bis zum Punkt der so genannten *Open Innovation* gehen. In diesem Konzept wird der Kunde zum Mitentwickler der von ihm gewünschten Produkte; er bringt seine Bedürfnisse direkt

Gestaltungsbereich	Beispiel eines MC-Konfigurators im Internet
Unternehmens- und Fähigkeitspräsentation	Procter&Gamble's Reflect.com (www.reflect.com) BMW Mini (www.mini.de) ic! Berlin Sunglasses (www.ic-berlin.de)
Präsentation des Angebots	CMAX Fashion Shoes (www.cmax.com) Elkamet Street lightening (www.elkamet.de) Watches by factory 1-2-1 (www.factory121.com) Customized wallpaper (www.berlintapete.de) M&M Colorworks (www.colorworks.com)
Auswahl eines Basisproduktes oder -Modells	Welcome 24/7 kitchens (www.officekitchen.de) Modula Computer (www.systemkonfigurator.de) Officeshop office furniture (www.officeshop.de)
Unterstützung und Beratung	customized apparel Swisstex (www.swisstex.net) mi-adidas sport shoes (www.miadidas.de) kitchens (www.kuechen.de)
Führung durch den Konfigurationsvorgang	BMW Car Configurator (www.bmw.de) Porsche Car Configurator (www.porsche.de) Dolzer Shirt Shop (www.dolzershop.de) Watches by factory 1-2-1 (www.factory121.com) M&M Colorworks (www.colorworks.com)
Vervollständigung des Produktes	ABC Computer (http://pc-konfigurator.suk.de) Dolzer Shirt Shop (www.dolzershop.de) Porsche Car Configurator (www.porsche.de) USM Furniture (via www.perspectix.com)
Darstellung der Konfiguration	Orako cell phone covers (www.designyourhandy.de) CMAX fashion shoes (www.cmax.com) Campe-Ohff shirts (www.campe-ohff.de)
Begleitung bei der Erhebung von Kundendaten	Dolzer shirt Shop (www.dolzershop.de) Dell Computer (www.dell.com)
Gewinnung von aggregiertem Kundenwissen	Procter&Gamble's Reflect.com (www.reflect.com) CMAX fashion shoes (www.cmax.com) Selve shoes (www.selve.net)

Zusammenstellung von Nutzen und Anwendungsgebieten von Fabbern in den Design- und Fertigungsprozess ein bzw. kann die gekauften Produkte frei weiterentwickeln. Der »Verbraucher« wird zum Co-Designer, und die Konfiguration in Ergänzung zum materiellen Produkt selbst zum Produkt. »Das Entwickeln und Gestalten ist bei Mass Customization für die Kunden genauso wichtig wie das Nutzen der Produkte«, urteilt Frank Piller, MC-Experte an der MIT Sloan School of Management (vgl. das Interview mit Frank Piller im Anhang S. 118).

Die meisten Beispiele für Mass Customization finden sich momentan in den Bereichen Kleidung und Accessoires. Weitgehend bekannt sind vor allem die mehr oder weniger individuell angepassten Sportschuhe, die Adidas und Nike anbieten. Doch der Wettbewerbsdruck in der Industrie führt dazu, dass individuell angepasste Produkte als Differenzierungsstrategie auch in zahlreichen anderen Branchen immer wichtiger werden. Produkte, die sich für MC eignen, sollten möglichst viele Individualisierungsbedürfnisse erfüllen. Möglichkeiten finden sich vor allem in den Bereichen:

- Passform (Maße bei einem Anzug; Packungsgröße bei einem Jogurt)
- Funktionalität (Stoffeigenschaften oder Ausstattung bei einem Anzug; Vitamine, Nährstoffe, Aufbaustoffe etc. bei »functional food«)
- Geschmack/Design (Schnitt und Applikationen bei Anzug; Süßegrad bei Jogurt)

Nicht vergessen werden darf angesichts des teils zu verspürenden MC-Hypes, dass sich die Umsetzung des Konzepts in die Praxis als schwierig erwiesen hat: Der Kunde ist mit erhöhter *Komplexität* bei der Produkt-Komposition und mit *Lieferzeiten* konfrontiert – der Griff ins »gut sortierte« Regal ist nicht nur einfacher, er ist zudem Teil des Shopping-Erlebnisses. Zudem ist es für Start-ups mit MC-Produkten schwierig Fuß zu fassen, da zum einen ihr Name vom Kunden noch nicht mit Qualität und Vertrauen verbunden wird und sie zum anderen insbesondere im Bekleidungssektor in einen Markt eintreten, in dem sich ihre Interessen mit zwei starken Gruppen überschneiden: den etablierten Produzenten und den Einzelhändlern.

Ein weiteres Argument, das in den Augen vieler Unternehmer bislang gegen eine Customization ihres Angebots spricht, sind die zunächst höheren Belastungen durch die »Maßanfertigung«. »Der Produktindividualisierung stehen steigende Stückkosten und damit für den Kunden nicht mehr akzeptable Preise gegenüber, die aus der geringen Losgröße für Entwicklung und Herstellung resultieren«, erklären Professor Udo Lindemann und Christoph Baumberger vom Sonderforschungsbereich 582 (SFB) der Technischen Universität München (www.sfb582.de).[80] Auf einem Industriekolloquium des Projekts, das von der Deutschen Forschungsgemeinschaft unterstützt wird und unter dem Titel »Marktnahe Produktion individualisierter Produkte« läuft, hielten die beiden Forscher Ende April 2004 des Weiteren fest: »Viele traditionelle Wirtschaftlichkeitsprinzipien, wie zum Beispiel ›Economies of scale‹ greifen nur noch bedingt bzw. sind aufgrund des starken Wettbewerbs nicht mehr ausreichend. Die Individualisierung ist ebenfalls zeitintensiv, sodass auch Lieferzeiten ein Problem darstellen können.« Gleichzeitig erscheine angesichts der oben angeführten Leittrends aber auch »eine Auswahl an vordefinierten, am Markt orientierten Produktvarianten … nicht mehr ausreichend«.[81]

… in Minifabriken

Der SFB 582 sieht den Ausweg aus dem Dilemma im konsequenten Einsatz neuer Informations-, Produkt- und Produktionstechnologien. Sein Basiskonzept ist die »Minifabrik« bzw. ein Netzwerk kooperierender Minifabriken. Die Orientierung weg vom anonymen Markt hin zum einzelnen Kunden, vom einzelnen Produkt mit Varianten hin zu einem flexiblen Produktspektrum soll mit der gleichzeitigen Fortentwicklung der zentralen Großfabrik zum virtuellen Fertigungsverbund hin aufgefangen werden. Die Minifabrik wird dabei als »kleinste, selbständig funktionierende Vertriebs-, Entwicklungs- und Produktionseinheit für die Erzeugung individualisierter Produkte« definiert. Individualisierung wiederum verstehen die Forscher als »auf den einzelnen Kunden angepasstes Bündel aus mechatronischem Sachprodukt und Dienstleistungen«, wobei »sowohl Standardkomponenten als auch komplett individuelle Komponenten enthalten« sein können. Die entsprechenden Waren sollen »zu Konditionen angeboten« werden, »die denen von Serienprodukten ähneln und somit einen breiten Markt ansprechen«.[82]

Die Ziele des Netzwerk-Ansatzes liegen hoch: »Die Minifabrik ist der Ort der Kundenintegration, hier vollzieht sich Wirtschaften in Echtzeit«; im Verbund mit ihren möglichst weit verbreiteten Pendants kann sie als »Idealtypus eines Real-Time-Enterprise angesehen werden«.[83] Als Leitlinien der Planung sollen die Verkürzung der Zeit bis zum Markteintritt, ein schneller und effizienter Produktionsanlauf, eine rasche und qualitativ hochwertige Änderungsplanung sowie die effektive Nutzung von Ressourcen und 3D-Planungsdaten gelten.[84] Dabei kommt neben dem Konzept der vernetzten, geographisch verteilten und »virtuellen« Produktionsstätte das Rapid Prototyping bzw. Rapid Manufacturing ins Spiel, da damit eine dezentrale Fertigung der individuell an die Kundenwünsche anzupassenden Komponenten marktnah und auf Bestellung (on demand) möglich ist.

Als Beispiel stellen die Forscher die – ins Jahr 2015 vorverlegte – Fertigung eines individualisierten Hochdruckreinigers durch die fiktive CleanIt AG an.[85] Herr Müller, ein 38-jähriger Familienvater mit Swimmingpool, Geländewagen und »ungewöhnlich großen Händen« braucht dringend ein Werkzeug zum Säubern des Autos und der Freizeiteinrichtungen im Garten und stößt im Internet auf die Produktionsfirma, hinter der sich eigentlich ein Netzwerk von Minifabriken verbirgt. Die Standardware aus dem Baumarkt liegt ihm nicht: »Allein der Griff ist immer viel zu klein für meine Hände; die Kabel und Schläuche sind zu kurz für meinen Garten; und außerdem gibt's die immer nur in Gelb.« Der Verkäufer der CleanIt AG schafft da natürlich Abhilfe: Mit dem »Produktspezifikationswerkzeug« der Firma kann sich Herr Müller sein Reinigungsgerät weitgehend selbst aus einem Set von Standard- und Individualbauteilen zusammenstellen. Dabei wird etwa bei der Hand kurz Maß genommen und vom System ein parametrisches CAD-Modell des Griffes erzeugt. Gefertigt wird die individuelle Anfertigung des Pistolengriffs dann mit einer RP-Maschine.

Auswirkungen auf Produkte und Preisentwicklung

Die gesamte Prozessplanung erfolgt ebenfalls individuell. So wird geprüft, welche Aufgaben von welchen Maschinen an welchen Produktionsorten übernommen werden, um die Ressourcen der Minifabriken optimal auszulasten und Produktionszeiten und -kosten zu minimieren. Auf diesem Weg erhält Herr Müller »sein« persönliches Reinigungsgerät mit einem farblich auf seinen Geschmack abgestimmten Gehäuse, angepassten Griffen mit Kindersicherung, einer separaten Box für die Aufbewahrung von Zubehör, einem individuellen Logo auf dem Gehäuse sowie einem Bedienfeld für individuelle Reinigungsprogramme. Und dies zu einem Preis, der mit den Angeboten im Baumarkt durchaus mithalten kann, sowie ohne lange Lieferfristen.

Dass die Kosten nicht in die Höhe schnellen, liegt an einer neuen Klasse von Kostensenkungspotenzialen (»Economies«): Sie leiten sich interessanterweise unmittelbar aus der kundenindividuellen Produktion und der Einbindung des Verbrauchers in die Wertschöpfung ab und können die in der Massenfertigung greifenden Skalen- und Größeneffekte weitgehend auffangen. Grundlage des neuen Modells »ist der Wandel vom ›make-to-stock‹ der Massen- und Serienproduktion zum ›make-to-order‹ der einzelkundenbezogenen Leistungserstellung. Produktionsseitig wird so die Individualität erst ermöglicht. Das bedeutet, dass ein bestimmter Teil der Wertschöpfungskette erst nach Vorliegen eines konkreten Auftrags vollzogen wird, es also zu einer Entkoppelung der Wertschöpfungskette kommt«.[86] Die damit ersparte Vorhaltung großer Fertigwarenbestände kann die Bestandskosten drastisch reduzieren, während die Planungssicherheit gleichzeitig wächst.

Der gewonnene Zugang zum Kundenwissen, der zwangsweise bei der persönlichen Güteranpassung erfolgt, ist ein weiterer unternehmerischer Schatz: Nicht nur der individuelle Verbraucher ist zufriedener. Die Sammlung und der Vergleich »der im Rahmen der Interaktion gewonnenen Informationen über jeden einzelnen Kunden« führt darüber hinaus »zu übergreifendem *Customer Knowledge* eines Unternehmens über seinen Absatzmarkt. So trägt die Erhebung und Verarbeitung von Informationen aus einem Segment innovativer (individueller) Käufer in dynamischen, trendgesteuerten Märkten entscheidend dazu bei, marktkonforme neue Produkte und Produktmodifikationen zu entwerfen, indem die Häufigkeit bestimmter individueller Kombinationen als Anhaltspunkt für Modifikationen im Produktprogramm verwendet wird«.[87] Dieses durch *Data Mining* gewonnene Wissen ist vor allem dann hilfreich, wenn ein Unternehmen nach wie vor in anderen Segmenten auch herkömmliche Serienprodukte anbietet.

Der Global Player der Zukunft – Netzwerke aus »Local Players«

Manches am Konzept der Minifabriken ist noch Zukunftsmusik, weil die Technik noch nicht ganz mithält und das Aufbrechen bewährter Produktionsprozesse lange dauert. Einige unternehmerische Pioniere sind aber bereits mit vergleichbaren Strategien am Markt. Die Schott Zwiesel AG etwa hatte jahrelang mit stark schwankenden Absatzzahlen zu kämpfen. Vor allem die geringe Nachfrage nach »Exoten-Gläsern«, wie sie etwa zum stilechten Likör- oder Sherrygenuss benötigt werden, machte ihr zu schaffen. Eine Massenfertigung dieser Sorten lohnte sich schlicht nicht. Die bayerische Firma setzt daher im Rahmen des Projekts »Pluto« auf die modulare Produktion der weniger gut laufenden Gläser. Ihre Fertigung hat Schott Zwiesel weitgehend auf kundennahe, dezentrale »Satelliten« verlagert, die nach Kundenwünschen Endprodukte anfertigen. Am zentralen Standort werden dabei nur noch »Halbzeuge« gefertigt, kleine Scheiben von der Größe eines Eishockey-Pucks. Sie werden in den Minifabriken wieder erhitzt und zum angeforderten Endprodukt modelliert.[88]

Auch Pirelli hat die dezentrale Fabrikfertigung für sich entdeckt. Um angesichts einer verlängerten Lebensdauer moderner Reifen und gleichzeitig sinkender Zahlungsbereitschaft der Konsumenten wettbewerbsfähig zu bleiben, hat sie das MIRS-Programm *(Modular Integrated Robotized System)* entwickelt.[89] Der neuartige Prozess basiert auf einem hoch flexiblen »Produktionsmodulsystem«, das bei Bedarf selbst einen einzelnen Reifen einer Größe herstellen kann und sich in der Nähe des Marktes, für den es produzieren soll, strategisch platzieren lässt. Eine robotergestützte MIRS-Fabrik benötigt nur rund 350 Quadratmeter Raum. Mit hoher Geschwindigkeit erledigen die MIRS-Roboter den kompletten Produktionszyklus – ohne Unterbrechung, ohne Zwischentransport von Halbzeugen und ohne Energieverschwendung. Eine MIRS-Fabrik kann so alle drei Minuten einen neuen Reifen produzieren. Dadurch reduziert sich die Durchlaufzeit der Gummimischung und anderer Komponenten von der Warenanlieferung bis zum fertigen Produkt auf 72 Minuten – gegenüber sechs Tagen beim traditionellen Prozess. Hierzulande werden beispielsweise die auf dem Mini Cooper montierten Reifen in einer MIRS-Fabrik in Breuberg hergestellt. Beide Beispiele arbeiten bislang noch ohne echten Rapid-Prototyping-Einsatz, sodass in Zukunft entsprechende Minifabrik-Konzepte sicher noch individueller, schneller und kostengünstiger funktionieren können. Vieles spricht dafür, dass der Global Player der Zukunft sich aus einer Vielzahl von vernetzten Local Players zusammensetzt.

Auf dem Weg zur Fabbing Society

Da es sich hier um eine Zukunftsstudie handelt, wollen wir neben den bereits entworfenen soziotechnischen Szenarien noch einige darüber hinausgehende Thesen, Visionen und Utopien vorstellen. Im Folgenden werden daher einige denkbare gesellschaftliche Entwicklungsmöglichkeiten kurz und eher stichwortartig umrissen – mit ihren überwiegend positiven, teils aber auch negativen Aspekten. Wie könnte der Homo Fabber sich seine Umwelt gestalten? In welche Richtung dürfte die Fabbing Society sich entfalten?

Die Überall-Gesellschaft dank Points of Fab

Vision: Ein flächendeckendes Netz von Points of Fab führt zur Überall-Produktion in der Überall-Gesellschaft. Man kann in urbanen Zentren fast überall fabben, so wie man überall kommunizieren kann. Das Handy mit der permanent mit dem Internet verbundenen UMTS-Technik identifiziert über Geopositioning per GPS oder Galileo den nächsten und produktlogisch geeigneten POF (Point of Fab). Noch während man durch die Straßen bummelt, wird der Produktionsvorgang gestartet. In der Nähe des POF meldet sich das Handy und navigiert den Prosumenten zum POF. Biometrisch wird man als Kunde authentifiziert, das fertige und eingepackte Produkt wird automatisch freigegeben.

Sofern sie bestimmte Bedingungen erfüllen, könnten sich POFs durchaus als Killer-Applikation erweisen:

- die Vielfalt an (preiswert fabrizierbaren) Produkt-Varianten muss groß sein
- ein Customization-Bedarf bestehen und/oder
- ein Sofortbedarf bestehen.

Beispiel: **Gastro-POF am Flughafen**
Eine Gastronomie-Maschine in Form eines Bio-Fabbers, die zuverlässig, perfekt und immer frisch tausende Varianten von Fastfood, Salaten, Sushi etc. herstellt, multikulturelle Speisegebote berücksichtigt und individuelle Diäten erstellt, könnte die Nachfragekriterien erfüllen und billiger sein als der entsprechende Drei-Sterne-Koch.

Von der Mass Customization zur Self Customization

Vision: Mass Customization ist im bereits umrissenen umfassenden Trend-Korridor der Produktionssphäre nur als Etappe zu verstehen. In dem eingeschlagenen Prozess erlangt der Prosumer mehr und mehr Kontrolle über das Produkt, das sich bis hin zum Individualprodukt *(built-to-order)* entwickeln lässt. MC zielte bislang nur auf die Gestaltung des Produkts, nicht jedoch auf die (materielle) Produktion. Mit dem PF würde nun die Kontrolle über den gesamten Prozess auf den Prosumenten übergehen, sofern die digitalen »Schnittmuster« wie MP3-Files auf Tauschbörsen bereitliegen oder der Konsument selbst gestalterisch kreativ wird. MC würde damit in der *Self Customization* gipfeln und zur echten Verbrauchermacht mutieren.

Vorteil: Lieferzeiten und Transportkosten entfallen.

Nachteil: Die Produktionsbranche müsste sich weitgehend auf die Bereitstellung der Daten und auf Support zurückziehen (Linux-Dienstleistungs-Modell) oder ihren Markt mit Lizenzen, Copyright und Kopierschutzmechanismen schützen (Microsoft-Modell).

Der unternehmerische Konsument

Vision: Der Konsument verlässt seine angestammte Rolle; der Verbraucher wird zum Akteur. Hinsichtlich der Perspektive auf die Wertschöpfungskette sind wenigstens drei grundlegende Nutzungstypen zu unterscheiden:

Nutzungstyp 1: **Download-Szenario (Fulfillment)**
Der Kunde wird Dienstleister bei der Warenfertigung, ist aber (nur) materieller Produzent: Der Konsument sucht sich die Ware im Internet aus oder modifiziert sie nach seinen Wünschen. Die Produktions-Daten werden gesendet, Herstellung und »Lieferung« leistet der Kunde.
Vorgänger-Typ: Ikea-Prinzip (selbst aufbauen), Backmischung (selbst backen) etc.; Pay-per-Content (News, Software-Download).

Nutzungstyp 2: **Kreativ-Szenario (Eigenbedarf)**
Der Konsument ist konzeptionell *und* materiell Produzent (Prosument). Er wird zum vollgültigen »Kreator« (Schöpfer) des gewünschten Objekts, ist in materieller und konzeptioneller Hinsicht autarker Hersteller und hat sich damit vollständig dem Warenkreislauf entzogen. Der Prosument ist sein eigener Fabrikant.
Vorgänger-Typ: Hobbybastler, Heimwerker (Do-it-yourself-Bewegung).

Nutzungstyp 3: **Lokalproduzent-Szenario (Eigen- und Fremdbedarf)**
Der unternehmerische Konsument im eigentlichen Sinne. Der »Konsument« wechselt seine traditionelle Rolle vollständig und wird handelnder Produzent. Der Nutzer kann über den Eigenbedarf hinaus auch für andere produzieren. Sofern er das Produkt handelt, wird es zur Ware. Der Prosument eröffnet eine eigene Wertschöpfungskette.
Vorgänger-Typ: Künstler, »Hobby-Produzenten«, Sammler mit Gewinnabsicht.

Folgen: In allen drei Fällen hat die Personal Fabrication eine verschieden hohe Einschlagskraft auf etablierte Strukturen und Prinzipien des Marktgeschehens, der Warenwirtschaft und Logistik. Unternehmen und Branchen im produktiven Bereich stehen damit vor der Frage, wo und wie sie sich *trotz* dieser Umorganisation in die neue Wertekette »einklinken« können. Unternehmen und Branchen im IKT-Bereich müssen sich dagegen darum kümmern, wo und wie sie sich als Dienstleister *aufgrund* dieser Umorganisation in die neue Wertekette »einklinken« können.

Die Kreativgesellschaft: Von der Ich-AG zur Ich-Fabrik

Vision: Bei schwindender Arbeit wird Kreativität für die Sinnstiftung immer zentraler, sie kann individuell-privat stattfinden (Cocooning, Bastler, Heimwerker) oder kollektiv, laut und öffentlich (Ego-Epoche). Das Schaffens-Erlebnis konkurriert mit dem Shopping-Erlebnis, »Home Creativity« wird Kult. Jeder entwickelt dabei seinen ganz persönlichen Stil, den er in seine Gebrauchsgegenstände wie ein visuelles Monogramm »intarsiert«.

Das Prinzip »mein persönlicher Stil« wird vom Körper (Kleidung, Tattoos, meine Wohn-Farben, mein Make-up) auf die Warenwelt übertragen. Vorher hieß es: »Das passt zu mir, also kaufe ich es.« Jetzt sieht der Vorgang so aus: Der Kreativ-Konsument sucht sich einen (Produkt-)Nukleus aus wie zum Beispiel den technischen »Kern« eines bestimmten MP3-Players, wählt »make it my style« und lässt sich die »super-individualisierte« Ware anfertigen.

Super-Individualisierung

Vision: Die meisten Auswahlprozesse der Mass Customization kennzeichnet eine technisch-kalte Ausrichtung, es geht dort nur um die Kombination möglicher Parameter. Super-Individualisierung geht weit darüber hinaus: Nicht

Die super-individualisierte und gefabbte Handy-Hülle

allein die technischen Größen werden individualisiert, vielmehr wird mein persönlicher Fingerabdruck dekorartig »aufgebracht« oder »ausgeformt«; so kann man beispielsweise bei Gerätegehäusen wählen zwischen eher barocken, technischen, nüchternen oder witzigen Stilvariationen. Dies kann am interaktiven POF geschehen oder über mobile Endgeräte, die automatisch meine aktuellen Stil-Profildaten übergeben und »Vanity-Produkte« erstellen.

Folgen: Es könnte das Ende der etablierten Marken bedeuten: In einer Welt immer neu verfertigter Prototypen besteht die Möglichkeit, dass das Stereotype und Kollektive der Brands einfallslos und obsolet wirkt. Stattdessen wird das Ich zur Marke. Bereits heute verfügbare Beispiele sind die persönliche Postkarte, sämtliche On-Demand-Produktionsprozesse (»Books on demand«) oder personalisierte Geschenke wie das individuelle »MyMonopoly«.

Nachbarschafts-Szenario: Modulare Mini-Fabriken und Momo-LUFs

Vision: Mini-Fabriken für Glas, Keramik oder Elektronik können als mobil-modulare LUFs (Momo-LUFs) verliehen werden wie Festzelte oder Schleifmaschinen. Komplexe Produktionsprojekte konstruieren durch die Zusammenschaltung der spezialisierten LUFs eine Art Fließband oder docken zusätzlich notwendige Kapazitäten einfach an. Die LUFs könnten sich aber auch nach dem Prinzip Nachbarschaftshilfe organisieren. Die Otto-Normal-Prosumer besitzen also spezialisierte LUFs und erteilen sich gegenseitig Aufträge, die sich jeweils nur mit dem besonderen Fabber erledigen lassen (Übergang zum Nebenerwerb). Vorstellbar sind auch Minifabriken in der Uhrenproduktion von der Größe eines Aquariums, entsprechend einem Szenario bei der Citizen Watch Company.[90]

Risiko: Die Momo-LUFs würden ein hohes Risikopotenzial in sich tragen, man denke nur an das Konzept mobiler Produktionseinheiten für die illegale Fabrikation von Waffen durch Terroristen oder »Schurkenstaaten«.

»Napster Fabbing«: Kostenlose Warenlieferung per Download

Vision: Verbindet man die Idee des PF mit der P2P-Technik, führt dies zu ganz neuen Formen der Distribution. Die Herstellung findet im Wohnzimmer des Kunden statt – die erforderlichen Produktionsdaten gibt es in der Tauschbörse gratis. Da eine direkte Verbindung zwischen Designer und Endkunde möglich ist, wird die Wertkette am »klassischen« Hersteller vorbeigeleitet. Dies führt zu den bekannten Effekten und Dilemmata der Napsterisierung. Schon in den Frühzeiten der Entstehung einer RP-Community über die RP-Mailingliste zeichnete sich der freie Austausch von Blaupausen für 3D-Objekte ab. So hat Marshall Burns bei einer Untersuchung der Listenkommunikation festgestellt, dass die Mitglieder des Verteilers zwischen Oktober 2000 und September 2001 insgesamt 33 Gesuche für entsprechende Design-Dateien abgaben. Davon bezogen sich die meisten auf Modelle für Teile des menschlichen Körpers (zehn), Fortbewegungsmittel (sieben) und Tiere (sechs). Fünf der Anfragen erhielten direkt über die Liste eine Antwort. Zwei davon verwiesen direkt auf einen Server, über den sich die gewünschte STL-Datei herunterladen ließ. Die anderen drei gaben Tipps, wie man an die entsprechende Blaupause herankommen könne. Welche privaten Reaktionen die Bitten noch auslösten, ist nicht bekannt. Für Burns war damit jedenfalls klar: »Das ist Napster-Fabbing.«[9]

Probleme: In der Musikindustrie waren die Folgen der Kombination aus CD-Brennen und Napsterisierung dramatisch. Eine vergleichbare Entwicklung in der Warenwelt würde heißen, dass bei niedrigen Materialkosten die Investitionen in Markenbildung, Marketing und Entwicklung eines Produkts anderweitig hereingeholt werden müssten. Das Dilemma der Schöpfer wie zum Beispiel eines Design- und Entwickler-Teams: Das unerwünschte »Entern« des geistigen Eigentums (»Piraterie«) und die unerlaubte Reproduktion (»Plagiatismus«) gefährden die Urproduktion. Andererseits stellt die völlige Freigabe oder die Umstellung auf Freiwilligkeit (Shareware) ziemlich sicher keine ausreichende Existenzgrundlage dar – der Markt kollabiert. Auch wenn Rolex-Uhren und Ferraris noch lange nicht downloadbar und zu Hause auszudrucken sind, die Problematik der Napsterisierung ist für künftige Technofakturen und Mini-Fabriken eine reale Gefahr, der rechtzeitig durch Sicherungsmaßnahmen zu begegnen ist.

Auch die Phänomene der Schwarzbrennerei (ob Alkohol oder CDs) zeigen die ernste Problematik: Es ist schwer, hier Unrechtsbewusstsein zu erzeugen und Kontrolle zurückzugewinnen, ohne tief in den Privatraum einzudringen. Ein Wirtschaftsgeschehen über tausende Schwarze Märkte und exzessive Schwarzarbeit würde zu extremen Steuerausfällen und Schädigung der Industrie durch »Raubkopien« führen. Als Gegenmaßnahmen wären denkbar: eine Regulation wie im Fall hochwertiger Farbkopierer, Digital Rights Management (DRM), Rohstoff-Tracking wie bei der Überwachung von so genannten Schurkenstaaten, Garagen-Inspekteure oder RFID-basiertes Tracking jeder Ware.

Prognose: Durch den Rückzug der Produktion in private Räume wird der Zugriff auf illegale Produktionsprozesse erschwert. Wenn Staat und Wirtschaft auf diese technischen Veränderungen nicht reagieren, kommt es zu breiten Konfliktfronten. In diktatorischen, nicht der Welthandelsorganisation angeschlossenen Ländern wurden Plagiat-Industrien aufgebaut. Systeme der Markierung und des Tracking schaffen Abhilfe und neue Märkte.

Die P2P-Fabbing-Society als positive Utopie

Vision: Die Faszination einer Maschine, die digitale Träume leibhaftige Wirklichkeit werden lässt, findet sich auch in utopischen Gesellschaftsentwürfen von Science Fiction und in der Open-Source-Bewegung. Bereits auf der ersten Oekonux-Konferenz[92] 2001 (»Ökonomie« und »Linux«) wurden die »gesellschaftlichen Perspektiven der Idee freier Software« auf die Welt der Hardware übertragen: »Dass Menschen über das Netz Dinge zusammen entwerfen und die Design-Informationen an ihren Fabber, einen persönlichen Universalroboter, schicken ... wäre die Fortsetzung der Heimwerkermärkte mit neuen Mitteln«, hieß es damals. Seitdem ist das Thema der Überleitung der Idee freier Software in die materielle Produktion ein fester Bestandteil auch der jährlichen Folgekonferenzen gewesen. Konkrete experimentelle Projekte einer Fertigung materieller Güter für den Alltagsgebrauch wie das OSCar-Projekt,[93] bei dem über das Internet mit vielen freiwilligen Mitarbeitern ein Auto entworfen werden sollte, sind aber bislang im Ansatz stecken geblieben.

Unklarheiten: Bei derlei Visionen steht der gemeinschaftliche Aspekt im Vordergrund. Napsterisierung ist hier erwünscht, entsprechend dem Grund-

Shorty	**Strategie/Typ**	**Fabrikation/Fulfillment etc.**
»Acrobat 3D-Writer«	**Standard-Setzen für 3D-Software**	**Primär-Markt: Software** ggf. Teilmärkte: Industrie, Handwerk, Home; ggf. auch »Musterbücher«
»FormMaker« I – Anything you want	Typus 1: Otto-Versand (Lieferung)	**Fabrikation: in der Ferne** Kunde entwirft, »FormMaker« produziert + liefert (Qualitätsstoffe, edle Hölzer etc.) beliebige Waren individualisierbar
»FormMaker« II – Anything you want	Typus 2: **Ikea** als Möbelhaus bleibt, Einrichtung von diversen LFUs	**Fabrikation: örtlich** abzuholen nach 24 Stunden
»McFab«	**Franchising 3D-Copy-Shops** »McDonald of Fabrication«	**Fabrikation: örtlich, selbst** Shop-Prinzip
»Obi Plus«	RP-Maschinen selbst bedienen	**Fabrikation: örtlich, selbst**
»Bosch-Fabmaschine«	Beschränkte Materialpalette Hobby, Modellbau, Reparatur	**Fabrikation: zu Hause, selbst** (PF-at-Home-Variante)
»FabCenters«	Für **professionelle** Zielgruppen (Zahnärzte, Handwerker etc.)	**Fabrikation: örtlich, (selbst)**
»Q-Secure«	**Security Service** Qualitätsüberwachung, Markenschutz, Material- und Produkt-Tracking	**Sekundär-Markt** (Telekommunikation: Kryptographie)
»FabaGeigy«	Entwickelt und produziert die **Spezialstoffe** zur Fütterung verschiedene Fabber	**Primär-Markt: F&E / Grundstoff-Produktion**
»MatterMan«	**Lieferant für die erforderlichen Stoffe**, um Heim- und Profi-Fabber zu füttern	**Sekundär-Markt: Lieferservice** (wie Tiefkühl-Liefer-Service)
»5minutes«	**Lieferant der** in »FabCenters« produzierten **Güter**	**Sekundär-Markt: Lieferservice** (wie Pizza-Service)
»AnyToy«	Spielwarenhersteller: Liefert nur die Daten, self fulfillment	**Fabrikation: zu Hause, selbst** (oder Lieferung als MC-Produkt)
»AnyProd«	**Full Service Fab Plattform** »Wir kümmern uns um den Rest ...«	**Fabrikation in diverse Konstellationen** Maschinen leasen, vermieten

Übersicht zu potenziellen Akteuren in der Fabbing Society

gedanken der freien Weitergabe eigener (und fremder) Leistungen, wie er sich im Filesharing oder in der Geschenkökonomie vollzieht. Ob und wie ein napsterisierter »Markt« funktionieren kann, ist unklar. Als Extremvariante des autarken Produzierens könnte jedenfalls der total-autarke Biosphären-Bunker angesehen werden.

Mögliche Akteure in der Fabbing Society

Zum Brainstorming über die Fabbing Society gehört auch, sich eine Vorstellung von den zukünftigen Marktgestaltern zu machen. Welcher heute wichtige Akteur könnte auch morgen welche Nischen im Fabbing-Bereich besetzen? Welche Partner braucht der Homo Fabber noch für welche Zwecke? Welche Dienstleistungsangebote dürften sich etablieren? Welche völlig neuen Player entstehen?

Ausblick: A Whole New Game

Das Szenario des Homo Fabber ist die Skizze eines Menschen, der sich bzw. seine soziale Grundeinheit mit einer hochtechnologisierten Universalmaschine in Form eines Digital-Analog-Umwandlers weitgehend selbst versorgt. War der Homo Faber der klassische Handwerker, so gestaltet sich der Homo Fabber seine (Waren-)Welt am Personal Computer und »druckt« sie sich am Personal Fabricator aus, der an einem weit gefächerten Versorgungsnetz hängt und darüber mit seinen Produktionsmaterialien versorgt wird. Der Homo Fabber wäre dabei nicht weniger kreativ als der Handarbeiter in seiner Manufaktur; er könnte seiner Phantasie vielmehr im Designprozess viel stärker freien Raum lassen und sich von der 3D-Maschine im Rahmen ihres Vermögens sehr komplexe Objekte fertigen lassen.

Es ist bislang nicht abzusehen, wann – und ob überhaupt – sich dieser Paradigmenwechsel mit all seinen gravierenden Folgen für Wirtschaft und Gesellschaft in dieser Extremform vollziehen wird. Noch sind die Barrieren groß, die Technik bei weitem nicht so weit. Doch die heute noch klar zutage tretenden technischen Hürden erscheinen keineswegs als auf Dauer unüberwindbar. Es ist nur eine Frage der Zeit, bis ein Personal Fabricator, der diesen Namen auch verdient, als Fortsetzung des Heimcomputers erschwinglich sein wird. Von zwanzig bis dreißig Jahren ist hier mindestens noch auszugehen. Eine ganz andere Frage ist, ob jeder Mensch oder jede Familie tatsächlich einen eigenen Fabber braucht.

Doch die Anwendungsmöglichkeiten sind angesichts des Leittrends der Individualisierung verlockend – und ihre Palette dürfte mit dem Reifen der RP-Verfahren ständig wachsen. Wir haben eine Reihe von Thesen aufgestellt rund um *Self Customization* oder Ich-Fabriken in der Fabbing Society. Wie immer in der Realität dürfte sich ein Mix aus diesen Visionen und Spekulationen über mögliche Bedürfnisse letztlich durchsetzen, denn die Kategorisierungen sind schon in sich nicht trennscharf, haben an zahlreichen Punkten Berührungsstellen.

Die Fabbing Society kommt – so oder so

Selbst wenn der Personal Fabricator sich nicht durchsetzen sollte, dürfte künftig eine mehr oder weniger dichte Infrastruktur fürs Fabbing zur Verfügung stehen. Von schier ubiquitären *Points of Fab* bis zu *Local Units of Fabrication* in eher spezialisierten Technofakturen reicht hier die Bandbreite der denkbaren Lösungen. Eine Dienstleistungsindustrie wird entstehen, die das einfache und rasche Fabrizieren materieller Gegenstände auf der Basis von Design-Dateien aus dem Computer ermöglicht. Ein zumindest indirekter Verbrauchermarkt öffnet sich damit der Rapid-Prototyping- bzw. Fabber-Industrie. Es wird noch eine ganze Weile dauern, bis der Prosument sich etwa sein verloren gegangenes Netzteil in einem Fabbing-Center nachbaut. Und den Plastikstuhl für den Balkon wird er vermutlich immer im Baumarkt oder im Möbelgeschäft billiger und schneller bekommen. Die »antike« Kommode mit Sammlerwert wird Fabbern zudem wohl stets vorenthalten bleiben. Doch das individualisierte Telefonbauteil, der Maßanzug oder die ans Wohnumfeld optimal angepasste Design-Lampe werden aus dem 3D-Printer kommen.

Im industriellen Bereich zeichnet sich vorab bereits die weitere Verlagerung der Produktion in dezentrale Minifabriken ab, um kundennah Mass Customization erschwinglich anbieten zu können. Rapid Prototyping und Rapid Manufacturing werden dabei die entscheidende Rolle spielen, um die Anpassung der Güter an die individuellen Kundenwünsche innerhalb möglichst kurzer Zeit durchzuführen. Aus der Medizin sind RP-Verfahren schon heute kaum noch wegzudenken. Sie dienen der Fabrikation von Prothesen genauso wie der Erstellung von Operationsmodellen. Auch Architektur und die eigentliche Designwelt schwören verstärkt auf die additiv-generative Fertigung von Modellen und Produkten. Die RP-Technik zum Hausbau befindet sich mitten in der Serienentwicklung.

Den Rapid-Verfahren und dem Fabbing steht so eine große Zukunft bevor – unabhängig davon, ob sie direkt in die Hände einer Vielzahl von sich zu Prosumenten wandelnden Verbrauchern fällt. Die Fabbing Society wird kommen – ob in Form einer Dienstleistungsindustrie oder in ihrer Ausgestaltung mit Fabbern im Heimbereich. Wenn auch künftig der Homo Fabber sich nicht selbst das neue Getriebe seines Fahrzeugs aus dem Netz lädt und ausdruckt, so wird dies zumindest die Werkstatt oder die Zubehörfirma tun und das gefabbte Teil in den Wagen einbauen. Das wochenlange Warten auf die Lieferung von Ersatzteilen ist passé.

Die Informatisierung der materiellen Produktion

Was angesichts der anstehenden Evolution der digitalen Computer- und Netztechnik und ihrer die Schnittstelle zum analogen Materiellen bildenden Peripheriegeräte wie 3D-Scanner und Fabber noch deutlich zu wenig bedacht wird[94], ist die damit einhergehende Informatisierung der materiellen Produktion. Die verarbeitende Industrie und die Warenfertigung wird mit Rapid Manufacturing unweigerlich zu großen Teilen zum digitalen Informationsbusiness – mit all den negativen Folgen und potenziellen Zukunftschancen, mit denen sich gegenwärtig vor allem die Musik-, Film- und Softwareindustrie auseinander zu setzen haben. Was sich abzeichnet, ist die Verwandlung der Vorstufe jeglichen materiellen Eigentums – in Form von 3D-Designbauplänen – in »geistiges Eigentum«.

Sehen sich heute vor allem Plattenlabels mit Umsatzeinbrüchen aufgrund des Verlusts ihrer klassischen Mittlerrolle zwischen Künstler und Publikum konfrontiert, wird dies in abgeänderter und abgeschwächter Form in Zukunft auch auf die sich bislang vor einer derartigen Napsterisierung völlig sicher wiegenden materiellen Produktionsindustrie zutreffen. Schon heute sollten sich die zuständigen Manager daher überlegen, welchen Zusatznutzen sie zu ihren klassischen Geschäftsfeldern bieten und wie sie ihr Geschäftsmodell auf das digitale Fabber-Umfeld neu ausrichten können. Die Devise »Rip, Mix & Burn« wird jedenfalls bald nicht mehr nur auf die digitale Musik- und Filmsphäre zutreffen, sondern auch auf die gegenständliche Welt.

Angesichts dieses sich abzeichnenden Prozesses fehlen Institute oder Interessenvertretungen, welche die Sache der Rapid-Prototyping-Industrie bzw. der Fabbing Society in der Öffentlichkeit vorantreiben, eine gemeinsame PR machen und das Zukunftsfeld besetzen. Marshall Burns startete mit seiner Ennex-Beratungsfirma zwar schon früh einen derartigen Versuch, erwies sich damals aber als seiner Zeit noch zu weit voraus und war vor allem ein Einzelkämpfer ohne großen Rückhalt in der sich erst langsam formierenden RP-Wirtschaft. Dem Visionär ging rasch die Luft aus; er verspielte seinen Kredit in der Branche größtenteils. Zudem blieben seine Szenarien frei von jeglicher realistischer Abwägung und allein auf die »rundherum positiven« Aspekte der Fabbing-Revolution beschränkt. Doch die Hauptakteure der künftigen Rapid-Welt müssen sich auch den bislang ungeklärten Fragen der Technik und ihrer sozialen sowie wirtschaftlichen Folgen stellen, wenn sich das Basisszenario des Homo Fabber durchsetzen soll.

Literatur

Asendorpf, Dirk (2003): »Biss und Bytes, Computergesteuerte Laser und Fräsen machen bald Patienten glücklich und Zahntechniker arbeitslos«, in: *Die Zeit* 33/2003, online unter: http://www.zeit.de/2003/33/T-Zahnersatz

Boeing, Niels (2004): *Nano?! Die Technik des 21. Jahrhunderts*, Berlin (Rowohlt)

Boeing, Niels (2003): »Die Fabrik auf dem Schreibtisch. Rapid Prototyping verändert grundlegend die Produktionstechnik in Industrie und Medizin«, in: *Berliner Zeitung* vom 08.01.2003, online unter: http://www.berlinonline.de/berliner-zeitung/archiv/.bin/dump.fcgi/2003/0108/wissenschaft/0001/

Boeing, Niels (2003): »Atoms at Your Fingertips«, in: *km 21.0* März 2003, online unter: http://www.km21.org/23rd-century/PF_0304.html

Burns, Marshall (1993): »The Household Fabricator«, fabbers.com, online unter: http://www.ennex.com/~fabbers/publish/199308-MB-HouseholdFab.asp

Burns, Marshall (1999): »Personal Fabbing at Home«, fabbers.com, online unter: http://www.ennex.com/~fabbers/publish/199911-MB-Home.asp

Burns, Marshall (2001): »Napster Fabbing. Internet Delivery of Physical Products«, fabbers.com, online unter: http://www.ennex.com/~fabbers/publish/200102-Napster/index.asp

Drösser, Christoph (2002): »Rückkehr des Realen. Nach dem Personal Computer kommt nun der Personal Fabricator«, in: *Die Zeit* 45/2002, online unter: http://www.zeit.de/2002/45/Wissen/print_200245_personal_fabrica.html

Edge (o. J.): »Personal Fabrication. A Talk with Neil Gershenfeld«, Edge.org, online unter: http://www.edge.org/3rd_culture/gershenfeld03/gershenfeld_index.html

Evers, Marco (2004): »Häuser aus dem Drucker«, in: *Der Spiegel* 08/2004

Gershenfeld, Neil (2005): *Fab: The Coming Revolution on Your Desktop: From Personal Computers to Personal Fabrication*, New York (Basic Books)

Grenda, Ed: »Castle Island's Worldwide Guide to Rapid Prototyping«, online unter: http://home.att.net/~castleisland/

Glockner, Holger (2004): »Wir machen es uns selbst. Die Z_Punkt-Trendkolumne: Vom Virtual Prototyping zum Personal Fabbing«, in: *changeX* vom 11.05.2004, online unter: http://www.changex.de/d_a01448.html

Hinzmann, Brock (1996): »The Personal Factory«, fabbers.com, online unter: http://www.ennex.com/~fabbers/publish/199600-Brock-PersonalFactory.asp

Lindemann, Udo (Hg.) (2004): *Marktnahe Produktion individualisierter Produkte. Industriekolloquium des Sonderforschungsbereichs 582*, München (Utz).

Rauner, Max (2004): »Drucken in 3D«, in: *Technology Review* 7/2004, 50 ff.

Romain, Gabe (2004): »Laser Builds Tiny Structures on Human Hair«, Better Humans, 05.05.2004, online unter: http://www.betterhumans.com/News/news.aspx?ArticleID=2004-05-05-4

Scanion, Jessie (2004): »Seamless. Issey Miyake saw the future of fashion. So he gave up haute couture to become a softwear engineer«, *Wired* 4/2004, online unter: http://www.wired.com/wired/archive/12.04/miyake.html

Vollrath, K., et al. (2004): »Rapid Prototyping verkürzt den Weg zum Endprodukt auf Kundenwunsch«, in: *VDI nachrichten* vom 30.04.2004

Weblog zu Rapid Prototyping von Wohlers Associates: http://www.wohlersassociates.com/Wohlers-Talk.html

Wohlers, Terry/Todd Grimm (2001): »3-D Printers for the Home: Are They in Our Future«? in: *Time-Compression Technologies* 6/2001, online unter: http://makeURL.com/3dprinters

Anhang

Auf dem Weg zum »Hightech-Self-Providing«

Interview mit Willy Bierter, Innovationsforscher und Berater, über die Rückkehr des selbstproduzierenden Konsumenten

Rapid Prototyping (RP) und Rapid Manufacturing (RM) setzen sich in der Industrie immer weiter durch. Welches sind die wichtigsten Treiber dieser Entwicklung?
Allgemein ist der wichtigste Treiber der wirtschaftliche Zwang zu einer möglichst schnellen Umsetzung von Ideen in marktreife Produkte. Als Herausforderungen stellen sich erstens der globale Wettbewerb, zweitens die Verknappung der Ressource »Zeit«, drittens steigende Kundenanforderungen, viertens die Verschärfung des Wettbewerbs und fünftens die komplexeren Zulieferstrukturen.

Für wen bietet sich der Einsatz von RP-/RM-Techniken an? Zeichnen sich Killer-Applikationen ab?
Für alle jene Unternehmen, die kundenindividuelle Lösungen und vor allem eine Fertigung maßgeschneiderter Produkte als Geschäftsmission haben.

Werden wir bald alle Mini-Fabriken und 3D-Drucker im Haus haben?
In gewissem Umfang werden 3D-Drucker zu Hause installiert werden. Wann und in welchem Umfang ist zurzeit eine offene Frage. Erst der konkrete Anwendernutzen, der aus dem Einsatz solcher Geräte hervorgeht, wird die Antwort liefern. Dabei spielen neben den Geräte- und Materialkosten sicherlich

auch andere Faktoren wie zum Beispiel die Druckqualität, Bedienerfreundlichkeit und vor allem auch der Zeitaufwand durch den Heimanwender eine große Rolle.

Die Vision, dass nach dem Personal-Computing-Zeitalter eine Personal-Fabrication-Ära anbricht, hat bereits einige Jahre auf dem Buckel. Worin lagen die frühen Protagonisten der »Fabbing Revolution« falsch?
Die meisten Visionen unterschätzen »das reale Leben«, oder anders formuliert: Ideen zu generieren lässt sich wesentlich schneller bewerkstelligen als sie umzusetzen! Positiv gewendet ist aber der Zeitraum von rund zehn Jahren zwischen der Formulierung der Vision und heute, wo erste 3D-Drucker auf dem Markt erhältlich sind, doch relativ kurz.

Jedes Produkt wird zu einem Prototyp, den erst der Kunde vollendet, lautet eine Vision aus dem Umfeld der Personal-Fabrication-Experten. Ein glaubwürdiges Szenario?
Jedes Produkt ist übertrieben. Da spielen seitens des Kunden nicht zuletzt Preisfragen eine wichtige Rolle. Aber: Mit der Verfügbarkeit von adaptiven Produktdesigns wird es dem Endkunden bei einer Reihe von Produkten möglich, gewisse Designaspekte individuell, beispielsweise nach ästhetischen Vorlieben oder ergonomischen Bedürfnissen, zu gestalten. Mit einem solchen modularen Produktdesign können einzelne Komponenten nach Belieben durch den Endkunden ausgetauscht, ausgedruckt und montiert werden. Große Markenartikel-Hersteller müssen vor diesem Hintergrund entscheiden, welche Komponenten selbst gefertigt und welche eventuell nur rechnergestützt entwickelt, konstruiert und digital gespeichert werden sollen.

Sehen Sie Synergie-Effekte zwischen der Nano-Technologie und »Fabbing«? Könnte die verbesserte Manipulierbarkeit von Atomen den Durchbruch für die »Heimfabrik« bringen?
Nano-Technologie kann für die Materialien, aus denen gewisse Produkte »ausgedruckt« werden, in Zukunft eine Rolle spielen. Ob und inwieweit dies

für die »Personal Fabrication« eine entscheidende Rolle spielen wird, ist zurzeit eine ungeklärte Frage.

Braucht und will die Mehrheit der Verbraucher überhaupt maßgefertigte Produkte bzw. bleibt die Stärke von Rapid Manufacturing mittelfristig im industriellen Bereich?
Sicher ist, dass die Zahl der Kunden, die maßgeschneiderte Lösungen wünschen, zunimmt. Das wird in größerem Maße auch für maßgeschneiderte Produkte zutreffen, vor allem dann, wenn die Fertigung solcher Produkte kostengünstig und mit hoher Qualität möglich ist. Genau dies ist das Versprechen des Direct Digital Manufacturing mit seinen Automatischen Additiven Fabrikationsverfahren wie beispielsweise 3D-Drucken. Allerdings gehe ich davon aus, dass das Gros der Produkte in Technofakturen und Minifabriken bereitgestellt wird, wobei der Kunde Co-Designer und Co-Innovator ist, und eher selten in »Personal Factories«.

Welche gesellschaftlichen Veränderungen könnte Personal Fabrication im Heimbereich mit sich bringen? Wie lässt sich der Homo Fabber charakterisieren?
Visionär gesprochen käme die Produktion wieder zurück nach Hause, fast wie in vormodernen Zeiten, allerdings mit dem nicht ganz kleinen Unterschied, dass dazu vor allem eine hervorragend funktionierende IT-Infrastruktur Voraussetzung ist und auch die erforderlichen Materialien und Maschinen, die wahrscheinlich nur selten in »Personal Factories« hergestellt werden. Vielleicht wird nur ein Teil dieser Vision dereinst Wirklichkeit, skizziert als »Hightech-Self-Providing« im Zusammenhang mit dem Entstehen einer neuen Arbeit bei Fritjof Bergmann, oder das, was ich in den siebziger Jahren als »selbstproduzierenden Konsumenten« beschrieben habe, allerdings noch ohne »Hightech«.

Welches sind die hauptsächlichen Hürden auf dem Weg in die Fabbing-Society? Zeichnen sich urheberrechtliche Probleme bei den benötigten Design-Dateien ab?

Die Hürden sind vielfältig. Vor allem sind es Kosten und Nutzen von entsprechenden Maschinen und Verfahren, die Professionalität und Kompetenzen der Hightech-»Personal Fabbers« sowie der Zeitaufwand. Was urheberrechtliche Fragen angeht, so lassen sich Design-Daten gegen eine Gebühr herunterladen. Im Übrigen wäre hier der Missbrauch bzw. die Mittel dagegen ähnlich gelagert wie zum Beispiel bei herunterladbarer Musik.

Sind die verwendeten Materialien als ungefährlich einzustufen? Ist die Technik bei einer weiten Verbreitung wirklich beherrschbar?
Die bislang zum Einsatz gelangenden Materialien weisen nach meinem Kenntnisstand keine besonderen Risiken auf, zumindest keine höheren als vergleichbare, in der Industrie bereits eingesetzte Materialien. Soweit sich dies heute schlüssig beurteilen lässt, scheint mir die Technik beherrschbar, wobei schädigende Einsätze – wie bei fast allen Techniken – immer auch möglich sind.

Die Fragen stellte Stefan Krempl

Den Weg vom Design zum Produkt verkürzen

Interview mit Hendrik John, Geschäftsführer der Marler Envisiontec GmbH

Die Vorstellung, dass nach dem Personal-Computing-Zeitalter eine Personal-Fabrication-Ära anbricht, existiert bereits seit geraumer Zeit. Inwiefern täuschten sich die frühen Protagonisten der »Fabbing Revolution«?
Grundvoraussetzung für »Solid Freeform Fabrication« (SFF) ist die Beherrschung von 3D-CAD-Software zur Generierung entsprechender 3D-Datensätze. Hier handelt es sich immer noch um professionelle Systeme bzw. Expertensysteme. Des Weiteren sind die Rapid-Prototyping-Technologien immer noch zu spezialisiert und zu teuer, um im semiprofessionellen oder gar Heimbereich eingesetzt zu werden.

Glauben Sie trotzdem daran, dass wir bald alle Mini-Fabriken und 3D-Drucker im Haus haben?
Für den Heimbereich nein; allerdings geht der Trend vom Service-Büro zur Dezentralisierung bzw. Individualisierung von SFF-Arbeitsplätzen. Ziel ist letztendlich, jeden 3D-CAD-Arbeitsplatz branchenunabhängig mit einem »3D-Drucker« zu verknüpfen.

Das Perfactory-System von Envisiontec gilt als Preisbrecher im Rapid-Manufacturing-Markt. Wie teuer ist es und für wen empfiehlt sich sein Einsatz momentan?
Das PERFACTORY System ist in unterschiedlichen Ausführungen zu haben und bewegt sich preislich zwischen 55 000 und 60 000 Euro inklusive Software, Installation und Schulung. Die Systeme empfehlen sich für alle Bauteile von Handflächengröße bis hin zu filigranen Schmuckmodellen. Haupteinsatzgebiete sind die Schmuck-, Spielzeug- und Souvenir-Industrie sowie die Verpackungsindustrie und Konstruktion bzw. Design im klassischen Maschinenbau.

Mit welcher Technik arbeitet Perfactory und inwieweit ist das System tatsächlich mit einem an einen PC angeschlossenen Drucker vergleichbar?
Alle kommerziellen Systeme arbeiten schichtweise. Das PERFACTORY-System arbeitet auf Basis der Photopolymerisation mittels digitaler Maskenbelichtung. Das Datenmodell wird in Schichten geschnitten, die Querschnittsflächen werden in digitale Bitmaps umgewandelt, die wiederum durch DLP-Technologie (Digital Light Processing von Texas Instruments) sequenziell in die Bauebene projiziert werden, wodurch das lichthärtende Harz selektiv Schicht für Schicht ausgehärtet wird. Der Baujob kann tatsächlich wie bei einem Netzwerkdrucker vom Anwender-PC an die PERFACTORY geschickt werden, muss allerdings noch vor Ort an dem System selbst gestartet werden. Danach kann die Überwachung wieder über den Anwender-PC erfolgen.

Die Vorstellung, sich mal schnell einen Juwel »auszudrucken«, hört sich verlockend an. Welche Materialien benötigt man dazu, wie hoch sind die effektiven Herstellungskosten und wie lange dauert die »Manufaktur«?
Zur Herstellung von Urmodellen etwa im Schmuckbereich bildet der PERFACTORY-Prozess nur einen Teil des gesamten Herstellungsprozesses ab. Ausgangspunkt ist das digitale 3D-CAD-Modell, aus dem durch die PERFACTORY ein Kunststoff-Modell generiert wird. Dieses Modell wird dann für unterschiedliche Folgeprozesse eingesetzt, wie verlorener Feinguss (direktes Verfahren zum Ausbrennen und Abgießen von Schmuckrohlingen, *Anm. d. Autors*), Abnehmen von Silikon-Formen oder Kautschuk-Formen (indirektes Verfahren zum Abgießen von Wachsmodellen, die anschließend ausgebrannt und abgegossen werden, *Anm. d. Autors*). Die Materialkosten mit ungefähr 200 Euro pro Kilogramm sind bei diesem Prozess vernachlässigbar. Personalkosten und Maschinenstundensatz bilden hier den höchsten Anteil. Bei einer Bauhöhe von 25 Millimeter und 50 Mikrometer Schichtdicke liegt die Bauzeit bei circa zweieinhalb Stunden für achtzehn Ringe auf einem Baufeld von 79 mal 63 Millimeter mit einer Pixelgröße von 60 Mikrometer. »Manufaktur«, also »Handarbeit«, ist hier wohl der falsche Begriff; man spricht von Rapid Manufacturing für die direkte Herstellung von endgültigen Teilen wie kundenspezifischen Hörgeräteschalen, für die das PERFACTORY-System ebenfalls in der Industrie eingesetzt wird. Ob Prototyping oder Manufacturing ist einzig und allein eine Frage der eingesetzten Materialien.

Wie tief können die Preise für ein System wie Perfactory noch sinken? Sind Verkaufspreise von 5000 US-Dollar vorstellbar, die Experten als Voraussetzung für die Erschließung des Verbrauchermarktes ansehen?
Sicherlich sind solche Preise ein erstrebenswertes Ziel für den Markt und orientieren sich an der Preisentwicklung für die Massenware-Drucker, was bei RP-Systemen für die nächsten fünf bis zehn Jahre in Bezug auf Massenware wohl nicht zu erwarten ist. Die Verkaufspreise sind aber sicherlich auch stark abhängig von der eingesetzten Technologie und der damit erzielbaren Modell-Qualität.

Gibt es aus Ihrer Sicht Synergie-Effekte zwischen der Nano-Technologie und »Fabbing«? Ist die verbesserte Manipulierbarkeit von Atomen Voraussetzung für die erfolgreiche »Heimfabrik«?
Nano-Technologie ist derzeit eine Trend-Technologie, wie die Mikrotechnologie es vor zehn Jahren war. Bis diese Technologien in marktreife Produkte umgesetzt werden, für die es auch noch Anwendungen bzw. einen Markt geben muss, werden noch einige Jahre oder Jahrzehnte vergehen.

Gibt es bei den Verbrauchern überhaupt ein Nachfragepotenzial für maßgefertigte Produkte oder wird Rapid Manufacturing mittelfristig ausschließlich im industriellen Bereich eingesetzt werden?
Der Schwerpunkt der Rapid-Technologien liegt immer noch darin, den Herstellungsprozess vom Design zum Produkt zu verkürzen; maßgefertigte Produkte spielen eher noch eine untergeordnete Rolle. Da 3D-CAD eng mit den Rapid-Technologien verknüpft ist, spricht dies mittelfristig eher für einen professionellen, industriellen Einsatz dieser Technologien.

Neben Perfactory hat Envisiontec auch einen Bioplotter herausgebracht. Kann man damit etwa auch zellstoffliche menschliche »Ersatzteile« ausdrucken? Wie funktioniert das Gerät, wie teuer ist es und an welchen Kundenkreis richtet es sich?
Die Idee hinter dem BIOPLOTTER-System ist, R&D-Gruppen im Tissue-Engineering ein Werkzeug an die Hand zu geben, um aus unterschiedlichen Biomaterialien computerunterstützt dreidimensionale Zellträgerstrukturen mit einer definierten Porosität zu generieren, um letztendlich bioartifizielle Implantate erzeugen zu können. Das BIOPLOTTER-System basiert auf einem NC-gesteuerten 3-Achsen-Dosiersystem und kostet circa 85 000 Euro.

Wodurch wird die Entwicklung hin zur Fabbing-Society hauptsächlich aufgehalten? Ist mit Urheberrechtsproblemen bei den benötigten Design-Dateien zu rechnen? Können die eingesetzten Materialien als unbedenklich gewertet werden und bleibt auch die breit eingesetzte Technik wirklich beherrschbar?

Die Hürde weg vom Experten-System hin zu einem intuitiv beherrschbaren und sauberen Prozess muss genommen werden. Der erste Schritt zur Bürotauglichkeit wurde bereits getan. Digitale 3D-CAD-Modelle im entsprechenden Datenformat können Sie bereits heute im Internet käuflich erwerben. Und vor Raubkopien werden Sie wie in der Musikbranche auch hier nicht sicher sein. Die Gefährdungsklassen der Materialien sind natürlich wieder prozessabhängig. Der Anwender kann sicher sein, dass bei allen in den Verkehr gebrachten Materialien nach entsprechend strengen rechtlichen Vorschriften verfahren wird. Die Harze für die Herstellung von Hörgeräteschalen sind im ausgehärteten Zustand nach umfangreichen Tests als biokompatibel eingestuft.

Die Fragen stellte Stefan Krempl

Von Individualisierungsutopien zu echtem Mehrwert

Interview mit Dr. Frank Piller, Forscher am Lehrstuhl für Allgemeine und Industrielle Betriebswirtschaftslehre an der Technischen Universität München

Was bedeutet Mass Customization?

Auf eine kurze Formel gebracht bedeutet Mass Customization (MC) die Herstellung von Gütern und Dienstleistungen nach individuellen Kundenwünschen mit annähernd der Effizienz einer Massenproduktion. Ziel ist es, die Differenzierung vom Wettbewerb zu schaffen, ohne dass dabei die Kosten explodieren. Basis der Kosteneffizienz sind stabile Prozesse in der Auftragsabwicklung und der Einsatz moderner Interaktionstechnologien an der Kundenschnittstelle.

Wie wird dieser Trend durch die neuen Fertigungstechniken Rapid Prototyping (RP) und Rapid Manufacturing (RM) verstärkt?

Ein wesentlicher Hebel von Mass Customization ist, dass eine teure Vorplanung, Vorproduktion und Lagerhaltung durch eine flexible Produktion »on demand« ersetzt wird. Dadurch ergeben sich wesentliche neue Kostensenkungspotenziale durch den Wegfall von Mode- oder Absatzrisiko, Distributionslagerhaltungskosten, Kapitalbindung oder entgangene Umsätze durch nicht vorrätige Produkte. Diese neuen Potenziale werden aber in der Produktion durch zusätzliche Rüst- und Komplexitätskosten erkauft, wenn ein Unternehmen von großen Losen auf Losgröße eins umsteigt. RM-Technologien dagegen ist es im Prinzip egal, ob die Losgröße ein Stück oder tausend Stück beträgt, die Produktionskosten sind die gleichen. Wenn ich also meine Produktarchitektoren vorher flexibel im CAD-System abbilden kann und einen Kundenauftrag weitgehend automatisiert in eine kundenindividuelle Konstruktion überführen kann, ist die RM-Fertigung ohne zusätzlichen Aufwand bei individuellen Produkten möglich.

Wo sehen Sie die wichtigsten Einsatzfelder für die RM-getriebene Mass-Customization?

Klassische RM-Technologien sind durch die Materialien noch recht begrenzt. Ein wesentliches Feld der MC sind Bekleidung und Schuhe, hier kann ich herkömmliche RM-Technologien nicht einsetzen. Lasercutter und Nähsysteme sind aber sehr vergleichbare Technologien in dieser Branche. Klassische RM-Technologien werden in Bezug auf MC heute schon stark in der Medizintechnik für Prothesen, Hörgeräte, aber auch im Investitionsgüterbereich etwa bei Turbinen eingesetzt.

Existiert bei den Verbrauchern überhaupt ein Bedürfnis nach maßgefertigten Produkten?

Das ist so eine Art Gretchenfrage. Auch in den naheliegendsten Bereichen werden kaum mehr als 20 bis 30 Prozent der Konsumenten MC-Produkte kaufen wollen, da einfach der Kaufprozess zu lange dauert oder die Kunden nicht auf die Produktion warten wollen. Aber selbst 5 Prozent, ja sogar 2 Prozent Marktanteil sind in vielen Bereichen absolut betrachtet sehr große und interessante Nischen, die häufig hochprofitabel sind. Wichtig ist auch, dass man Individualisierung nicht mit »ästhetischem Design« gleichsetzt. Individualisierung muss vor allem an der Funktionalität und der Passform ansetzen. Hier ergeben sich dann jeweils »Individualisierungsutopien« hinsichtlich des echten Mehrwerts für Kunden durch individuelle Produkte. Beispiel Sportschuhe: Das ID-Programm von Nike ist ein netter Gag, da der Kunde seinen Standardschuh farblich im Internet mitgestalten kann. Das »mi Adidas«-Programm stiftet im Vergleich dazu viel mehr Nutzwert: Hier steht Individualisierung durch einen Fuß-Scan und eine individuelle Passform im Vordergrund. Zudem wird die Sohle in Bezug auf Dämpfung und Profil dem individuellen Laufverhalten der Kunden angepasst. Das stiftet echten Mehrwert.

Die Vertreter der These vom anbrechenden Zeitalter der Personal Fabrication (PF) wollen RM in den Heimbereich verlegen. Ist es realistisch, dass wir bald alle Mini-Fabriken und 3D-Drucker im Haus haben?
Nein, sicherlich nicht. Das ist eine nette Vision, aber nur eine Utopie, vor allem im Konsumentenbereich. Dass aber in einer Stadt eine oder mehre Minifabriken stehen, wo in Kundennähe individuelle Produkte gefertigt werden, ist deutlich realistischer. Hier gibt es auch schon eine Reihe von Beispielen.

Es wird von jedem Produkt nur noch einen Prototyp geben, den erst der Kunde individuell ausgestalten werden wird, so eine Vision aus dem Umfeld der Personal-Fabrication-Experten. Ist das aus Ihrer Sicht ein realistisches Szenario im Rahmen der »User-Driven«-Innovation?
Das kommt sehr auf den Innovationsbegriff an, ich würde bei so einem Eingriff des Kunden in die letzten Stufen der Konstruktion nicht von Innovation sprechen. Aber in der Tat wird jeder Kunde auch heute schon bei einem MC-Angebot zum Mit-Konstrukteur: Aus einem vorgegebenen Lösungsraum konfiguriert sich der Kunde eine eigene Lösung. Das gilt von Kreditkarten mit Vertrags- und Zahlungsbedingungen nach Wunsch über Turnschuhe bis zu Fertighäusern wie der Firma Streiff in Deutschland. »User-Driven«-Innova-

tion dagegen ist ein Schlagwort, das den Einbezug ausgewählter(!) Kunden mit so genannten Lead-User-Eigenschaften in den Innovationsprozess bezeichnet. Das geschieht entweder völlig aus eigener Motivation der Kunden oder wird durch so genannte Virtual Innovation Labs von einem Unternehmen angeregt. Hier geht es aber um die Gewinnung von Ideen, nicht um eine individuelle Produktion für alle!

Worin sehen Sie den wichtigsten Antrieb dafür, dass Rapid Prototyping (RP) und Rapid Manufacturing (RM) sich in der Industrie immer weiter durchsetzen?
Neben technischen Entwicklungen in den Verfahren und den Werkstoffen führt vor allem die zunehmende Verbreitung heute zu Erfahrungskurveneffekten, die sowohl die Investitionskosten in die Systeme als auch die Anwendungskosten stark sinken lassen. Damit wird die Technologie für immer mehr Anwendungen auch außerhalb der Entwicklungslabors interessant.

Worin täuschten sich die frühen Verkünder der »Fabbing Revolution«? Immerhin ist das Zukunftsbild der Personal-Fabrication-Ära, die dem Personal-Computing-Zeitalter folgt, nicht mehr ganz neu.
Erst heute gibt es die Informationsnetzwerke, um individuelle Kundenwünsche mit der Produktion effizient zu verbinden. Flexible Produktionstechnologien gibt es seit der CIM-Welle der siebziger Jahre viele. Nur konnte man die Flexibilitätspotenziale in der Produktion nicht mit den Kunden verbinden, die Transaktionskosten waren zu hoch. Abhilfe schafft erst das Internet.

Welche sozialen Veränderungen könnten die Folge sein, wenn Personal Fabrication im Heimbereich sich durchsetzen würde? Wie lässt sich ein künftiger Homo Fabber charakterisieren?
Spannende Frage, das weiß ich auch nicht. Ich glaube aber, die Charakterisierung fiele nicht sehr viel anders aus als die des heutigen Konsumenten. Denn Kunden wollen eigentlich keine Individualisierung per se bzw. sind nicht an individualisierten Produkten an sich interessiert. Sie wollen auch keine Auswahl. Was sie wollen, ist einfach, nämlich ohne die Kompromisse mit der

Massenproduktion genau passende Produkte zu bekommen, die zu persönlichen Vorlieben und Maßen bzw. Restriktionen passen. Das heißt: Eigentlich wollen Kunden durch MC und PF nur das bekommen, was Konsumenten immer schon wollen. Deshalb glaube ich auch nicht, dass sich allzu viel ändern wird, außer dass Kunden, die einmal gemerkt haben, dass es bestimmte Bereiche gibt, wo man ohne zu große Aufpreise und auch ohne zu großen Aufwand ein genau passendes Produkt bekommt, sich nicht mehr mit einem vorgefertigten Massenprodukt zufrieden geben.

Wodurch wird der Prozess in die Customized-Society erschwert?
Mass Customization ist zum Buzzword geworden. Auch wenn uns die breite Aufnahme und Aufmerksamkeit freut, so besteht inzwischen die große Gefahr der Verwässerung des Konzepts – Enttäuschungen sind dann vorprogrammiert. Manager sollten deshalb jeweils genau prüfen, ob auch Mass Customization drin ist, wo Mass Customization draufsteht. Wichtig ist, dass Mass Customization kein Zaubermittel ist und nicht nur durch bloßes Vorhandensein wirkt. Es müssen genauso Marke und Bekanntheitsgrad aufgebaut werden. Hier liegt auch ein Grund, warum es viele kleine Mass-Customization-Pioniere nicht geschafft haben. Fertigungstechnisch und auch informationstechnisch ist heute viel mehr möglich, als sich viele Unternehmen trauen. Grenzen der Mass Customization sehe ich in Hinsicht Lieferzeit und Komplexität, gerade auch aus Kundensicht. Kunden wollen in den meisten Fällen nicht langwierig ein Produkt gestalten und dann auch noch darauf warten. Hier fehlt noch viel Wissen, wie Interaktionstools mit den Kunden gestaltet und implementiert werden können.

Die Fragen stellte Stefan Krempl

Individuelle Produkte zum Preis von Seriengütern

Interview mit Dr. Christof M. Stotko, Leiter Global Marketing der Kraillinger EOS GmbH

In Verbindung mit Rapid Prototyping hat EOS die Vision des e-Manufacturing aufgebaut. Was ist damit konkret gemeint?
Wir verstehen unter e-Manufacturing die schnelle, flexible und kostengünstige Produktion direkt von 3D-CAD-Daten.

Wer sind die großen Nutznießer von e-Manufacturing? Was hat der einzelne Kunde davon?
Aus heutiger Sicht sind die Nutznießer die Hersteller von komplexen Produkten, die in hoher Variantenvielfalt angeboten werden. Einerseits ermöglicht das Laser-Sintern, Endprodukte direkt herzustellen. Dies gelingt heute im Bereich der Kunststoffe. Andererseits können durch das Laser-Sintern Werkzeuge gefertigt werden, die dann in der Fertigung eingesetzt werden. Dies wird heute etwa im Spritzguss angewendet. Der individuelle Kunde ist heute Nutznießer von e-Manufacturing, da es für ihn dadurch möglich wird, kundenindividuelle Produkte zum Preis vergleichbarer Seriengüter zu beziehen. In Zukunft muss man davon ausgehen, dass es e-Manufacturing für den Kunden ermöglicht, mit einer Idee in eine Art Minifabrik zu gehen und diese mit einem fertigen Produkt zu verlassen.

Dem normalen Verbraucher sagen Stichworte wie Rapid Prototyping oder 3D-Drucken in der Regel nichts. Wie würden Sie einem Durchschnittsbürger die Potenziale der Technik und ihre künftige Dimension beschreiben?
Mit diesen Verfahren werden Produkte oder Werkzeuge hergestellt, indem sie schichtweise gebaut werden. Dadurch ist es möglich, Restriktionen, die sich mit herkömmlichen Fertigungsverfahren ergeben, wie beispielsweise die Undurchführbarkeit von Hinterschnitten, zu ignorieren. Weiterhin lassen sich in den Produktionsprozess Funktionen integrieren, die mit herkömmlichen Fertigungsverfahren so nicht möglich sind. Beispielsweise kann das Ergebnis

eines Laser-Sinter-Prozesses ein funktionsfähiges Gelenk sein. Dies führt dann zu Kostensenkungspotenzialen, wenn die Möglichkeiten des Laser-Sinterns künftig bereits in der Produktentwicklung berücksichtigt werden.

Ist die Linie von der Mini- zur eigentlichen Heimfabrik vorgezeichnet?
Die Realisierung einer Minifabrik in der Nähe zum Kunden zeichnet sich heute im Bereich von Investitionsgütern bereits ab, wenngleich »Mini« heute noch relativ zu sehen ist. Anbieter ziehen in die Nähe des Kunden, um zum Beispiel ausländische Produktionsstandorte ihrer Kunden zu beliefern oder um »local content«-Vorschriften der Gastländer zu erfüllen. Im Bereich von Konsumgütern gibt es solche Ansätze ebenfalls, die heute jedoch noch nicht weit verbreitet sind. Dennoch sind solche Szenarien denkbar. Die Etablierung einer Heimfabrik, in dem Sinne, dass Kunden zu Hause produzieren, ist aus heutiger Sicht noch nicht vorgezeichnet.

Wann und in welcher Form könnte Rapid Prototyping den direkten Sprung in die Haushalte machen? Was halten sie vom Ansatz des »Personal Fabbers«?
Hierzu ist die flächendeckende Verbreitung von Minifabriken Voraussetzung. Dies wird wahrscheinlich nicht vor 2015 stattfinden. Bis ein »Personal Fabber« die Kostenvorteile einer Minifabrik einholen kann, vergehen sicherlich weitere zehn Jahre, in denen es für den Kunden kostengünstiger ist, bei einer Minifabrik zu bestellen. Ein Sprung in die Haushalte erfordert sicherlich die Verarbeitung mehrerer Materialien in einem Prozess. Die Vision des »Personal Fabbers« halte ich aus heutiger Sicht für Utopie.

Was denken Sie über das Szenario, dass jedes Produkt künftig vom Kunden vollendet und individuell angepasst wird? Will der Nutzer so etwas überhaupt oder würde dabei sein Aktivitäts- und Kreationswunsch überstrapaziert? Ist die Entwicklung vom Homo Faber zum Homo Fabber überhaupt ein positives Zukunftsmodell?
Es ist richtig, dass solche Konzepte häufig an der »Mass Confusion« des Kunden scheitern. Jedoch können diese Kundenängste durch geeignete Tool-Kits –

dies sind Softwareprogramme, mit denen der Kunde sein individuelles Produkt gestaltet – abgebaut werden. Hier bietet e-Manufacturing durch Laser-Sinter-Systeme wertvolle Möglichkeiten, da Kunden nicht wissen müssen, was nicht geht. Stattdessen können sie laienhaft konstruieren, ohne auf Restriktionen der späteren Fertigung achten zu müssen. Dennoch wissen wir heute, dass selbst in Branchen, in denen die Individualisierung auf der Hand liegt, nur sehr geringe Marktanteile mit einem »Mass Customization«-Angebot erzielt werden können. Insofern halte ich es noch für einen weiten Weg, den Homo Faber zum Homo Fabber zu transformieren.

Zurück in die Gegenwart: Welches sind die wichtigsten Kunden von EOS heute? Wer nutzt die Technik für welche Zwecke?
Heute ist der wichtigste Markt das Rapid Prototyping. Hier sind die wichtigsten Kunden Dienstleister, die unsere Systeme dazu einsetzen, ihre Kunden zu bedienen, indem sie verschiedenste Prototypen fertigen. Ebenso wichtig sind unsere Systeme jedoch für Kunden, die ihre eigenen Rapid-Prototyping-Abteilungen betreiben. Darüber hinaus gewinnen Kunden an Bedeutung, die unsere Systeme in der Fertigung einsetzen. Hier gibt es zahlreiche Beispiele von Kunden, die vor der Aufgabe stehen, eine hohe Variantenvielfalt bei gleichzeitig geringen Stückzahlen zu produzieren. Dies ist das Zukunftsfeld für e-Manufacturing und EOS.

Welche Durchbrüche konnte EOS in jüngster Zeit bei der Entwicklung der Grundtechniken fürs e-Manufacturing erzielen? Spielen neue Maschinen oder neue Materialien hier die wichtigere Rolle?
Wir entwickeln stetig neue Systeme und neue Materialien. Beispielsweise konnten wir im Bereich des Laser-Sinterns von Metall mit unserem System M270 eine wichtige Innovation im Markt einführen. Hier wurde erstmals eine völlig neue Generation von Lasern – so genannte Faserlaser – eingesetzt. Bei einer Laserleistung von 200 Watt lassen sich aufgrund der exzellenten Strahlqualität Foki mit einem minimalen Durchmesser im Bereich von 100 Mikrometer erzeugen, die eine bisher nicht gekannte Detailauflösung am Bauteil

ermöglichen. Ein variabler Fokusdurchmesser erlaubt es zudem, die Prozessparameter optimal an den gewählten Werkstoff und die Applikationsanforderungen anzupassen.

Auf der Werkstoffseite ist beispielsweise unser Werkstoff ALUMIDE hervorzuheben. Typischer Einsatzbereich von ALUMIDE ist die Herstellung von steifen, metallisch anmutenden Bauteilen für Anwendungen unter anderem im Automobilbau, für Werkzeugeinsätze zum Spritzen und Gießen von Kleinserien, für Anschauungsmodelle, für den Lehren- und Vorrichtungsbau. Oberflächen von Bauteilen aus ALUMIDE sind durch Schleifen, Polieren oder Beschichten veredelbar. Ein zusätzlicher Vorteil besteht darin, dass verschleißarme, werkzeugschonende Nachbearbeitungen mittels spanender Verfahren wie Fräsen, Bohren oder Drehen möglich sind. Insgesamt halte ich die Entwicklung von Systemen und Materialien für gleichermaßen wichtig.

Welche Umstrukturierungsprozesse kommen auf die Wirtschaft, den Produktionsbetrieb und den Handel durch das Erstarken von Minifabriken zu?
Insgesamt muss ein Umdenkungsprozess darüber angestoßen werden, wie Produkte entwickelt und gefertigt werden. Hierbei muss gelernt werden, dass Produkte unter Umständen nicht vollständig entwickelt werden, bevor sie dem Kunden angeboten werden, sondern vom Kunden selbst auf die individuellen Bedürfnisse angepasst werden. Weiterhin muss umgedacht werden in Hinblick auf die Art und Weise, wie Produkte gefertigt werden. Werkzeuggebundene Verfahren, die ihre Kostenvorteile nur bei wirklich großen Stückzahlen ausspielen können, sind kritisch zu hinterfragen. Hierzu ist ein Controlling notwendig, das nicht nur den zugegeben sehr geringen variablen Kostenanteil werkzeuggebundener Verfahren kalkuliert, sondern insbesondere die fixen Kosten über den ganzen Produktlebenszyklus in Betracht zieht inklusive der Lagerung von Werkzeugen für die spätere Ersatzteilfertigung. Diese Kosten steigen insbesondere dann exponentiell an, wenn sich Kundenwünsche ändern und eine Neukonstruktion der Produkte und Werkzeuge notwendig wird. Hier müssen Produktentwickler umdenken, die sich oft von den Limitationen werkzeuggebundener Verfahren einschränken lassen. Die

Möglichkeiten, die etwa Laser-Sintern bietet, entfalten sich dann am besten, wenn die sich hieraus ergebenden Konstruktionsfreiheiten maximal genutzt werden.

Für einen Konstrukteur oder einen Fertigungsingenieur bedeutet es jedoch ein Risiko, von bekannten Fertigungsmethoden abzuweichen, selbst wenn er dadurch gleichzeitig Kosten senken und die Flexibilität erhöhen kann. Das heutige Anreizsystem bietet kaum eine Motivation, neue Wege zu beschreiten.

Wo liegen die größten Hürden bei der Durchsetzung von Rapid-Technologien im Markt?
Einerseits sind dies psychologische Barrieren, die es verbieten, ein mit Fertigungsmitteln aus dem Prototypenbau hergestelltes Produkt als vollwertig anzusehen. Weiterhin ist die Verfügbarkeit von Materialien eine wichtige Hürde zur Durchsetzung dieser Technologien. Insbesondere kritische Werkstoffeigenschaften wie die Gesundheitsverträglichkeit oder die Flammfestigkeit sind notwendige Voraussetzungen, um ein Verfahren wie das Laser-Sintern beispielsweise in der Medizin- oder Luftfahrtbranche zu etablieren. Zu guter Letzt ist eine Hürde in den Köpfen der Konstrukteure zu sehen, die einerseits das Risiko scheuen, von eingetretenen Pfaden abzuweichen, und andererseits heute größtenteils die Potenziale, die sich im Bereich der Produktentwicklung bieten, nicht abschätzen können, da sie die Verfahren nicht gut genug kennen.

Die Fragen stellte Stefan Krempl

Anmerkungen

1 Vgl. Leonardo Bonanni, Sam Sarcia, Subodh Paudel, Ted Selker (2005): »Dishmaker: Personal Fabrication Interface«, http://web.media.mit.edu/~amerigo/alt-499-bonanni.pdf
2 Vgl. Max Rauner: »Drucken in 3D«, *Technology Review* 7/2004, 50 ff.
3 http://cba.mit.edu/
4 http://www.wired.com/wired/archive/8.04/joy_pr.html
5 http://www.ennex.com/~fabbers
6 Burns: http://rapid.lpt.fi/archives/rp-ml-current/1657.html
7 http://en.wikipedia.org/wiki/CNC
8 http://www.ulrich-rapp.de/stoff/fertigung/rapidpro.htm
9 Ein Beispiel für das Vorgehen gibt Harald Vogel: »Körper-Bau. Teil 2: Vom Bauteil zur Maschine«, *c't* 9/2004, 202 ff.
10 http://www.michaelrees.com/articles/RParticles.html
11 Vgl. etwa die Bemühungen der indischen Firma Floating Point Solutions, mit »Open RP« STL-Dateien besser zu komprimieren und vor unerwünschter Vervielfältigung zu schützen: http://www.openrp.com/docs/press/press_release_2-Jun-2004.html
12 http://home.att.net/~castleisland/sls_int.htm
13 Vgl. K. Vollrath et al.: »Rapid Prototyping verkürzt den Weg zum Endprodukt auf Kundenwunsch«, *VDI nachrichten* vom 30.04.2004.
14 http://home.att.net/~castleisland/ind_21.htm
15 Vgl. Jens Krätzschmar: »Laser-Skupturen. Vom CAD-Modell zum realen Gegenstand«, *c't* 8/1995.
16 Vgl. http://www.caip.rutgers.edu/~kbhiggin/VDF/FDM.html
17 Vgl. http://home.att.net/~castleisland/ink_int.htm
18 http://www.me.psu.edu/lamancusa/rapidpro/primer/chapter2.htm
19 http://www.sandia.gov/media/lens.htm

20 http://www.mobilepartshospital.com
21 http://home.att.net/~edgrenda/pow/pow9.htm
22 http://www.vnmonline.de/ZSmediHyg/BIOmaterialien/BioTageMchn02/114.htm
23 http://www-rcf.usc.edu/~khoshnev
24 Marco Evers: »Häuser aus dem Drucker«, *Der Spiegel* 8/2004.
25 Ebd.
26 http://home.att.net/~edgrenda/pow/pow15.htm
27 http://mse.stanford.edu/faculty/prinz.html
28 http://rapid.lpt.fi/rp-ml
29 http://ides.iwb.mw.tu-muenchen.de
30 http://home.att.net/~castleisland/pat_db.htm
31 http://home.att.net/~castleisland/ind_10.htm
32 http://www.wohlersassociates.com/press32.htm
33 http://home.att.net/~castleisland/ind_10.htm
34 http://www.wtec.org/additive/workshop/08-ConclusionsJJB.htm
35 http://www.rapidprototyping.fhg.de
36 http://www.envisiontec.de/03hbiopa.htm
37 Thesen von Brock Hinzmann, Berater bei SRI Business Intelligence.
38 http://www.eos.info/9/9_chng/940100_pres_rele/140100_pres_rele_2004.pdf
39 Vgl. Junior V./C. Stotko/F. Piller (2004): »Spare Parts on Demand (SOD) by Leveraging Customization Manufacturing Capabilities«, Proceedings of the 30th FISITA World Automotive Congress, 17–27.
40 http://home.att.net/~castleisland/ind_21.htm
41 Vgl. ebd.
42 Vgl. ebd.
43 Vgl. ebd.
44 Vgl. ebd.
45 Vgl. http://home.att.net/~castleisland/faq/faq240.htm
46 http://home.att.net/~castleisland/ind_10.htm
47 http://www.wohlersassociates.com/RP-RT-Service-Providers.html
48 http://www.ennex.com/~fabbers/publish/199911-MB-Home.asp
49 Vgl. etwa http://www.a-factor-e.com/RP/Artists/KimberlyVoigt/Helix_L.html
50 Vgl. Jessie Scanlon: »Seamless. Issey Miyake saw the future of fashion. So he gave up haute couture to become a softwear engineer«, *Wired* 4/2004, online unter: http://www.wired.com/wired/archive/12.04/miyake_pr.html
51 http://www.motorestaurant.com

52 Vgl. Wolf-Dieter Roth: »Schmeckt's?« – »Ja, wie gedruckt!«, *Telepolis* vom 09.02.2005, http://www.heise.de/tp/r4/artikel/19/19414/1.html

53 Vgl. http://home.att.net/~edgrenda/pow/pow32.htm

54 http://www.ennex.com/~fabbers/publish/199600-Brock-PersonalFactory.asp

55 http://home.att.net/~castleisland/pathl_38.htm

56 http://makeURL.com/xerox

57 Patrick Bernau: »Bildschirme aus dem Drucker«, *Financial Times Deutschland* vom 16.11.2004.

58 »Polymerelektronik ermöglicht das Drucken von einfachen Chips auf Folien – Xerox entwickelt leitfähige Kunststoffe«, *Handelsblatt* vom 18.01.2002.

59 http://www.betterhumans.com/News/news.aspx?ArticleID=2004-05-05-4

60 Vgl. den Artikel »The Next 20 Years of Small Tech Potential« in *Small Times* (www.smalltimes.com) vom 04.10.2001, nicht mehr online verfügbar.

61 Vgl. http://rapid.lpt.fi/archives/rp-ml-current/1654.html

62 http://www.caesar.de

63 http://www2.umist.ac.uk/material/rip/profiles/academic/New_Folder/bd_copy(1).htm

64 Vgl. Mirko Herr: »Neue Haut kommt aus dem Drucker«, *Spiegel Online* vom 21.01.2005, http://www.spiegel.de/wissenschaft/mensch/0,1518,337703,00.html

65 http://e-drexler.com/p/04/04/0417nanosystemsDesc.html

66 Vgl. Niels Boeing: *Nano?! Die Technik des 21. Jahrhunderts*, Berlin (Rowohlt), 151 ff.

67 Vgl. K. Vollrath et al., a.a.O.

68 Vgl. David Lammers: »Nanoimprint lithography ready to make its mark«, *EE Times* 20.12.2002, online unter: http://www.eetimes.com/semi/news/OEG20021220S0022

69 Vgl. http://www.memsnet.org/mems/what-is.html

70 Vgl. http://uanews.opi.arizona.edu/cgi-bin/WebObjects/UANews.woa/wa/SRStoryDetails?ArticleID=3075

71 Vgl. etwa Wolfgang Stieler: »Nummer 5 lebt? Roboter werden Lebewesen immer ähnlicher«, c't 19/2000, 28 ff.

72 http://www.govexec.com/dailyfed/0604/061704tdpm2.htm

73 Im Gesetzestext zur Budgetentscheidung heißt es nur: »The Rapid Prototyping Program accesses the capabilities of private sector industry for rapid development and prototyping of technologies in support of the Department of Homeland Security's missions.« Vgl. http://thomas.loc.gov/cgi-bin/cpquery/?&db_id=cp108&r_n=hr541.108&sel=TOC_334599&

74 http://www.boeing.com/ids/homeland_security/ourCapabilities4.htm

75 Vgl. etwa http://www.tagrimm.com/publications/perspectives-apr2001.html

76 Vgl. Stanchev, S. (2004): »Individuelle Umformteile durch generative Verfahren im Werkzeugbau«, in: Lindemann, Udo (2004): *Marktnahe Produktion individualisierter Produkte.* Industriekolloquium des Sonderforschungsbereichs 582, München (Utz), 10-1 bis 10-9, hier: 10-7.

77 Vgl. ebd.

78 Vgl. Celeste Biever: »3D printer to churn out copies of itself«, NewScientist.com, vom 18.02.2005, http://www.newscientist.com/article.ns?id=dn7165

79 Vgl. http://www.ennex.com/~fabbers/publish/199600-Brock-PersonalFactory.asp

80 Verwandte Forschungen finden in Deutschland etwa am SFB 467 zu »Wandlungsfähigen Unternehmensstrukturen für die variantenreiche Serienproduktion« (www.sfb467.uni-stuttgart.de) statt. Weitere in diesem Zusammenhang interessante Projekte laufen am Fraunhofer-Institut für Produktionstechnik und Automatisierung (IPA) im Rahmen von »Werkstatt 2005« sowie am Fraunhofer-Institut für Systemtechnik und Innovationsforschung (s. etwa die Studie zur »virtuellen Fabrik« unter http:// www.isi.fhg.de/pr/2002de/pri062002.htm). An der Uni Stuttgart läuft zudem der SFB 374 (www.sfb374. uni-stuttgart.de) zur »Entwicklung und Erprobung innovativer Produkte – Rapid Prototyping«.

81 Lindemann, U./C. Baumberger (2004): »Chancen und Herausforderungen durch Marktnähe und Individualisierung«, in: *Marktnahe Produktion individualisierter Produkte*, a.a.O., 1-1 bis 1-8, hier: 1-2.

82 Ebd. 1-4

83 Ihl, C./C. Stotko (2004): »Minifabriken in der Realität – Ein Vergleich«, in: *Marktnahe Produktion individualisierter Produkte*, a.a.O., 9-1 bis 9-9, hier: 9-3.

84 Vgl. Zäh, M. F./F. Aull (2004): »Minifabriken: Die Zukunft effizienter Produktion«, in: *Marktnahe Produktion individualisierter Produkte*, a.a.O., 5-1 bis 5-16, hier: 5-10.

85 Vgl. Baumberger, C./M. A. Stegmann/C. M. Stotko (2004): »Szenario 2015 – Eine Vision der marktnahen Produktion individualisierter Produkte«, in: *Marktnahe Produktion individualisierter Produkte*, a.a.O., 2-1 bis 2-20.

86 Reichwald, R./C. Ihl (2004): »ROI – Neue Pfade zur Wirtschaftlichkeit«, in: *Marktnahe Produktion individualisierter Produkte*, a.a.O. 3-1 bis 3-16, hier: 3-10.

87 Ebd.
88 Vgl. Ihl, a.a.O., 9-7f.
89 http://www.pirelli.com/en_42/this_is_pirelli/innovation/tyres/mirs_innovation.jhtml
90 Vgl. http://www.drtomorrow.com/lessons/lessons3/44.html
91 http://www.ennex.com/~fabbers/publish/200102-Napster/index.asp
92 http://www.oekonux-konferenz.de
93 http://www.theoscarproject.org
94 Angesprochen wurde diese Entwicklung bislang höchstens in Webforen wie Slashdot, s. die Kommentare zu http://slashdot.org/articles/01/02/12/0458217.shtml

Bildnachweis

Seite 21 © SRI Consulting
Seite 29 Worldwide Guide to Rapid Prototyping web-site © Castle Island Co., All rights reserved.
Seite 30 © courtesy of DSM Somos
Seite 31 Worldwide Guide to Rapid Prototyping web-site © Castle Island Co., All rights reserved.
Seite 32 © EOS GmbH Electro Optical Systems, www.eos.info
Seite 33 © EOS GmbH Electro Optical Systems
Seite 34 © EOS GmbH Electro Optical Systems
Seite 35 Worldwide Guide to Rapid Prototyping web-site © Castle Island Co., All rights reserved.
Seite 36 © Carlo Sequin
Seite 38 Worldwide Guide to Rapid Prototyping web-site © Castle Island Co., All rights reserved.
Seite 39 Worldwide Guide to Rapid Prototyping web-site © Castle Island Co., All rights reserved.
Seite 40 © Z Corporation
Seite 42 © Dr. Ray Hope, Brisbane, Australia
Seite 43 © Sandia National Laboratories
Seite 50 © Envisiontec GmbH
Seite 51 © EOS GmbH Electro Optical Systems / Treviso Technologia / Crabbi
Seite 53 © EOS GmbH Electro Optical Systems / Phonak Hearing Systems
Seite 54 © EOS GmbH Electro Optical Systems / Planmeca
Seite 55 © EOS GmbH Electro Optical Systems /
Seite 64 © Materialise
Seite 66 © Vicale Corporation
Seite 72 © IMM
Seite 99 © Z Corporation

Über die Autoren

Andreas Neef, Jahrgang 1964, hat Informationswissenschaft, Philosophie und Wirtschaftswissenschaften studiert. Als Unternehmensberater und Geschäftsführer von Z_punkt The Foresight Company unterstützt er führende Unternehmen bei Innovationsprozessen und der Erschließung von Zukunftsmärkten. Besuchen Sie auch die Internetseite von Z_punkt The Foresight Company unter *www.z-punkt.de*.

Klaus Burmeister, Jahrgang 1954, ist Politologe und Gründer von Z_punkt The Foresight Company. Seit vielen Jahren beschäftigt er sich mit Wandlungsprozessen in Wirtschaft und Gesellschaft und berät Unternehmen bei der Gestaltung langfristiger Unternehmenspolitik. Im Murmann Verlag erschien bereits *Corporate Foresight. Unternehmen gestalten Zukunft* von Klaus Burmeister, Andreas Neef und Bert Beyers.

Dr. Stefan Krempl, Jahrgang 1969, arbeitet als freier Autor in Berlin und als Dozent am Südosteuropäischen Medienzentrum in Sofia. Er publiziert regelmäßig in Magazinen und Online-Diensten wie *c't*, *heise online* und *Telepolis* sowie in Tages- und Wochenzeitungen von der *Financial Times Deutschland* bis zur *Zeit*, schwerpunktmäßig über politische und rechtliche Themen rund um Internet und Informationstechnik. Stefan Krempl hat bereits mehrere Bücher veröffentlicht, u. a. *Medien, Internet, Krieg: Das Beispiel Kosovo* und *Krieg und Internet: Ausweg aus der Propaganda?*